4-Column

Undated Appointment Book

I. S. Anderson

4-Column

Undated Appointment Book

Copyright © 2019 by I. S. Anderson

ISBN-10: 1-947399-18-7

ISBN-13: 978-1-947399-18-1

All rights reserved, including the right to reproduce this journal in whole or any portions thereof, in any form whatsoever.

For more information regarding this publication, contact: **nahjpress@outlook.com**

First Printing, 2019

4-Column

Undated Appointment Book

Belongs To:

_____

Name:	Name:	Name:	Name:
Date:	Date:	Date:	Date:
7	7	7	7
:15	:15	:15	:15
:30	:30	:30	:30
:45	:45	:45	:45
8	8	8	8
:15	:15	:15	:15
:30	:30	:30	:30
:45	:45	:45	:45
9	9	9	9
:15	:15	:15	:15
:30	:30	:30	:30
:45	:45	:45	:45
10	10	10	10
:15	:15	:15	:15
:30	:30	:30	:30
:45	:45	:45	:45
11	11	11	11
:15	:15	:15	:15
:30	:30	:30	:30
:45	:45	:45	:45
12	12	12	12
:15	:15	:15	:15
:30	:30	:30	:30
:45	:45	:45	:45
1	1	1	1
:15	:15	:15	:15
:30	:30	:30	:30
:45	:45	:45	:45
2	2	2	2
:15	:15	:15	:15
:30	:30	:30	:30
:45	:45	:45	:45
3	3	3	3
:15	:15	:15	:15
:30	:30	:30	:30
:45	:45	:45	:45
4	4	4	4
:15	:15	:15	:15
:30	:30	:30	:30
:45	:45	:45	:45
5	5	5	5
:15	:15	:15	:15
:30	:30	:30	:30
:45	:45	:45	:45
6	6	6	6
:15	:15	:15	:15
:30	:30	:30	:30
:45	:45	:45	:45
7	7	7	7
:15	:15	:15	:15
:30	:30	:30	:30
:45	:45	:45	:45
8	8	8	8
:15	:15	:15	:15
:30	:30	:30	:30
:45	:45	:45	:45

Name: Date:	Name: Date:	Name: Date:	Name: Date:
7 :15 :30 :45	**7** :15 :30 :45	**7** :15 :30 :45	**7** :15 :30 :45
8 :15 :30 :45	**8** :15 :30 :45	**8** :15 :30 :45	**8** :15 :30 :45
9 :15 :30 :45	**9** :15 :30 :45	**9** :15 :30 :45	**9** :15 :30 :45
10 :15 :30 :45	**10** :15 :30 :45	**10** :15 :30 :45	**10** :15 :30 :45
11 :15 :30 :45	**11** :15 :30 :45	**11** :15 :30 :45	**11** :15 :30 :45
12 :15 :30 :45	**12** :15 :30 :45	**12** :15 :30 :45	**12** :15 :30 :45
1 :15 :30 :45	**1** :15 :30 :45	**1** :15 :30 :45	**1** :15 :30 :45
2 :15 :30 :45	**2** :15 :30 :45	**2** :15 :30 :45	**2** :15 :30 :45
3 :15 :30 :45	**3** :15 :30 :45	**3** :15 :30 :45	**3** :15 :30 :45
4 :15 :30 :45	**4** :15 :30 :45	**4** :15 :30 :45	**4** :15 :30 :45
5 :15 :30 :45	**5** :15 :30 :45	**5** :15 :30 :45	**5** :15 :30 :45
6 :15 :30 :45	**6** :15 :30 :45	**6** :15 :30 :45	**6** :15 :30 :45
7 :15 :30 :45	**7** :15 :30 :45	**7** :15 :30 :45	**7** :15 :30 :45
8 :15 :30 :45	**8** :15 :30 :45	**8** :15 :30 :45	**8** :15 :30 :45

Name:	Name:	Name:	Name:
Date:	Date:	Date:	Date:
7	7	7	7
:15	:15	:15	:15
:30	:30	:30	:30
:45	:45	:45	:45
8	8	8	8
:15	:15	:15	:15
:30	:30	:30	:30
:45	:45	:45	:45
9	9	9	9
:15	:15	:15	:15
:30	:30	:30	:30
:45	:45	:45	:45
10	10	10	10
:15	:15	:15	:15
:30	:30	:30	:30
:45	:45	:45	:45
11	11	11	11
:15	:15	:15	:15
:30	:30	:30	:30
:45	:45	:45	:45
12	12	12	12
:15	:15	:15	:15
:30	:30	:30	:30
:45	:45	:45	:45
1	1	1	1
:15	:15	:15	:15
:30	:30	:30	:30
:45	:45	:45	:45
2	2	2	2
:15	:15	:15	:15
:30	:30	:30	:30
:45	:45	:45	:45
3	3	3	3
:15	:15	:15	:15
:30	:30	:30	:30
:45	:45	:45	:45
4	4	4	4
:15	:15	:15	:15
:30	:30	:30	:30
:45	:45	:45	:45
5	5	5	5
:15	:15	:15	:15
:30	:30	:30	:30
:45	:45	:45	:45
6	6	6	6
:15	:15	:15	:15
:30	:30	:30	:30
:45	:45	:45	:45
7	7	7	7
:15	:15	:15	:15
:30	:30	:30	:30
:45	:45	:45	:45
8	8	8	8
:15	:15	:15	:15
:30	:30	:30	:30
:45	:45	:45	:45

Name:	Name:	Name:	Name:
Date:	Date:	Date:	Date:
7 :15 :30 :45	7 :15 :30 :45	7 :15 :30 :45	7 :15 :30 :45
8 :15 :30 :45	8 :15 :30 :45	8 :15 :30 :45	8 :15 :30 :45
9 :15 :30 :45	9 :15 :30 :45	9 :15 :30 :45	9 :15 :30 :45
10 :15 :30 :45	10 :15 :30 :45	10 :15 :30 :45	10 :15 :30 :45
11 :15 :30 :45	11 :15 :30 :45	11 :15 :30 :45	11 :15 :30 :45
12 :15 :30 :45	12 :15 :30 :45	12 :15 :30 :45	12 :15 :30 :45
1 :15 :30 :45	1 :15 :30 :45	1 :15 :30 :45	1 :15 :30 :45
2 :15 :30 :45	2 :15 :30 :45	2 :15 :30 :45	2 :15 :30 :45
3 :15 :30 :45	3 :15 :30 :45	3 :15 :30 :45	3 :15 :30 :45
4 :15 :30 :45	4 :15 :30 :45	4 :15 :30 :45	4 :15 :30 :45
5 :15 :30 :45	5 :15 :30 :45	5 :15 :30 :45	5 :15 :30 :45
6 :15 :30 :45	6 :15 :30 :45	6 :15 :30 :45	6 :15 :30 :45
7 :15 :30 :45	7 :15 :30 :45	7 :15 :30 :45	7 :15 :30 :45
8 :15 :30 :45	8 :15 :30 :45	8 :15 :30 :45	8 :15 :30 :45

Name:	Name:	Name:	Name:
Date:	Date:	Date:	Date:
7	7	7	7
:15	:15	:15	:15
:30	:30	:30	:30
:45	:45	:45	:45
8	8	8	8
:15	:15	:15	:15
:30	:30	:30	:30
:45	:45	:45	:45
9	9	9	9
:15	:15	:15	:15
:30	:30	:30	:30
:45	:45	:45	:45
10	10	10	10
:15	:15	:15	:15
:30	:30	:30	:30
:45	:45	:45	:45
11	11	11	11
:15	:15	:15	:15
:30	:30	:30	:30
:45	:45	:45	:45
12	12	12	12
:15	:15	:15	:15
:30	:30	:30	:30
:45	:45	:45	:45
1	1	1	1
:15	:15	:15	:15
:30	:30	:30	:30
:45	:45	:45	:45
2	2	2	2
:15	:15	:15	:15
:30	:30	:30	:30
:45	:45	:45	:45
3	3	3	3
:15	:15	:15	:15
:30	:30	:30	:30
:45	:45	:45	:45
4	4	4	4
:15	:15	:15	:15
:30	:30	:30	:30
:45	:45	:45	:45
5	5	5	5
:15	:15	:15	:15
:30	:30	:30	:30
:45	:45	:45	:45
6	6	6	6
:15	:15	:15	:15
:30	:30	:30	:30
:45	:45	:45	:45
7	7	7	7
:15	:15	:15	:15
:30	:30	:30	:30
:45	:45	:45	:45
8	8	8	8
:15	:15	:15	:15
:30	:30	:30	:30
:45	:45	:45	:45

Name:	Name:	Name:	Name:
Date:	Date:	Date:	Date:
7	7	7	7
:15	:15	:15	:15
:30	:30	:30	:30
:45	:45	:45	:45
8	8	8	8
:15	:15	:15	:15
:30	:30	:30	:30
:45	:45	:45	:45
9	9	9	9
:15	:15	:15	:15
:30	:30	:30	:30
:45	:45	:45	:45
10	10	10	10
:15	:15	:15	:15
:30	:30	:30	:30
:45	:45	:45	:45
11	11	11	11
:15	:15	:15	:15
:30	:30	:30	:30
:45	:45	:45	:45
12	12	12	12
:15	:15	:15	:15
:30	:30	:30	:30
:45	:45	:45	:45
1	1	1	1
:15	:15	:15	:15
:30	:30	:30	:30
:45	:45	:45	:45
2	2	2	2
:15	:15	:15	:15
:30	:30	:30	:30
:45	:45	:45	:45
3	3	3	3
:15	:15	:15	:15
:30	:30	:30	:30
:45	:45	:45	:45
4	4	4	4
:15	:15	:15	:15
:30	:30	:30	:30
:45	:45	:45	:45
5	5	5	5
:15	:15	:15	:15
:30	:30	:30	:30
:45	:45	:45	:45
6	6	6	6
:15	:15	:15	:15
:30	:30	:30	:30
:45	:45	:45	:45
7	7	7	7
:15	:15	:15	:15
:30	:30	:30	:30
:45	:45	:45	:45
8	8	8	8
:15	:15	:15	:15
:30	:30	:30	:30
:45	:45	:45	:45

Name:	Name:	Name:	Name:
Date:	Date:	Date:	Date:
7	7	7	7
:15	:15	:15	:15
:30	:30	:30	:30
:45	:45	:45	:45
8	8	8	8
:15	:15	:15	:15
:30	:30	:30	:30
:45	:45	:45	:45
9	9	9	9
:15	:15	:15	:15
:30	:30	:30	:30
:45	:45	:45	:45
10	10	10	10
:15	:15	:15	:15
:30	:30	:30	:30
:45	:45	:45	:45
11	11	11	11
:15	:15	:15	:15
:30	:30	:30	:30
:45	:45	:45	:45
12	12	12	12
:15	:15	:15	:15
:30	:30	:30	:30
:45	:45	:45	:45
1	1	1	1
:15	:15	:15	:15
:30	:30	:30	:30
:45	:45	:45	:45
2	2	2	2
:15	:15	:15	:15
:30	:30	:30	:30
:45	:45	:45	:45
3	3	3	3
:15	:15	:15	:15
:30	:30	:30	:30
:45	:45	:45	:45
4	4	4	4
:15	:15	:15	:15
:30	:30	:30	:30
:45	:45	:45	:45
5	5	5	5
:15	:15	:15	:15
:30	:30	:30	:30
:45	:45	:45	:45
6	6	6	6
:15	:15	:15	:15
:30	:30	:30	:30
:45	:45	:45	:45
7	7	7	7
:15	:15	:15	:15
:30	:30	:30	:30
:45	:45	:45	:45
8	8	8	8
:15	:15	:15	:15
:30	:30	:30	:30
:45	:45	:45	:45

Name:	Name:	Name:	Name:
Date:	Date:	Date:	Date:
7	7	7	7
:15	:15	:15	:15
:30	:30	:30	:30
:45	:45	:45	:45
8	8	8	8
:15	:15	:15	:15
:30	:30	:30	:30
:45	:45	:45	:45
9	9	9	9
:15	:15	:15	:15
:30	:30	:30	:30
:45	:45	:45	:45
10	10	10	10
:15	:15	:15	:15
:30	:30	:30	:30
:45	:45	:45	:45
11	11	11	11
:15	:15	:15	:15
:30	:30	:30	:30
:45	:45	:45	:45
12	12	12	12
:15	:15	:15	:15
:30	:30	:30	:30
:45	:45	:45	:45
1	1	1	1
:15	:15	:15	:15
:30	:30	:30	:30
:45	:45	:45	:45
2	2	2	2
:15	:15	:15	:15
:30	:30	:30	:30
:45	:45	:45	:45
3	3	3	3
:15	:15	:15	:15
:30	:30	:30	:30
:45	:45	:45	:45
4	4	4	4
:15	:15	:15	:15
:30	:30	:30	:30
:45	:45	:45	:45
5	5	5	5
:15	:15	:15	:15
:30	:30	:30	:30
:45	:45	:45	:45
6	6	6	6
:15	:15	:15	:15
:30	:30	:30	:30
:45	:45	:45	:45
7	7	7	7
:15	:15	:15	:15
:30	:30	:30	:30
:45	:45	:45	:45
8	8	8	8
:15	:15	:15	:15
:30	:30	:30	:30
:45	:45	:45	:45

Name:	Name:	Name:	Name:
Date:	Date:	Date:	Date:
7	7	7	7
:15	:15	:15	:15
:30	:30	:30	:30
:45	:45	:45	:45
8	8	8	8
:15	:15	:15	:15
:30	:30	:30	:30
:45	:45	:45	:45
9	9	9	9
:15	:15	:15	:15
:30	:30	:30	:30
:45	:45	:45	:45
10	10	10	10
:15	:15	:15	:15
:30	:30	:30	:30
:45	:45	:45	:45
11	11	11	11
:15	:15	:15	:15
:30	:30	:30	:30
:45	:45	:45	:45
12	12	12	12
:15	:15	:15	:15
:30	:30	:30	:30
:45	:45	:45	:45
1	1	1	1
:15	:15	:15	:15
:30	:30	:30	:30
:45	:45	:45	:45
2	2	2	2
:15	:15	:15	:15
:30	:30	:30	:30
:45	:45	:45	:45
3	3	3	3
:15	:15	:15	:15
:30	:30	:30	:30
:45	:45	:45	:45
4	4	4	4
:15	:15	:15	:15
:30	:30	:30	:30
:45	:45	:45	:45
5	5	5	5
:15	:15	:15	:15
:30	:30	:30	:30
:45	:45	:45	:45
6	6	6	6
:15	:15	:15	:15
:30	:30	:30	:30
:45	:45	:45	:45
7	7	7	7
:15	:15	:15	:15
:30	:30	:30	:30
:45	:45	:45	:45
8	8	8	8
:15	:15	:15	:15
:30	:30	:30	:30
:45	:45	:45	:45

Name: Date:	Name: Date:	Name: Date:	Name: Date:
7 :15 :30 :45	**7** :15 :30 :45	**7** :15 :30 :45	**7** :15 :30 :45
8 :15 :30 :45	**8** :15 :30 :45	**8** :15 :30 :45	**8** :15 :30 :45
9 :15 :30 :45	**9** :15 :30 :45	**9** :15 :30 :45	**9** :15 :30 :45
10 :15 :30 :45	**10** :15 :30 :45	**10** :15 :30 :45	**10** :15 :30 :45
11 :15 :30 :45	**11** :15 :30 :45	**11** :15 :30 :45	**11** :15 :30 :45
12 :15 :30 :45	**12** :15 :30 :45	**12** :15 :30 :45	**12** :15 :30 :45
1 :15 :30 :45	**1** :15 :30 :45	**1** :15 :30 :45	**1** :15 :30 :45
2 :15 :30 :45	**2** :15 :30 :45	**2** :15 :30 :45	**2** :15 :30 :45
3 :15 :30 :45	**3** :15 :30 :45	**3** :15 :30 :45	**3** :15 :30 :45
4 :15 :30 :45	**4** :15 :30 :45	**4** :15 :30 :45	**4** :15 :30 :45
5 :15 :30 :45	**5** :15 :30 :45	**5** :15 :30 :45	**5** :15 :30 :45
6 :15 :30 :45	**6** :15 :30 :45	**6** :15 :30 :45	**6** :15 :30 :45
7 :15 :30 :45	**7** :15 :30 :45	**7** :15 :30 :45	**7** :15 :30 :45
8 :15 :30 :45	**8** :15 :30 :45	**8** :15 :30 :45	**8** :15 :30 :45

Name:	Name:	Name:	Name:
Date:	Date:	Date:	Date:

7	7	7	7
:15	:15	:15	:15
:30	:30	:30	:30
:45	:45	:45	:45
8	8	8	8
:15	:15	:15	:15
:30	:30	:30	:30
:45	:45	:45	:45
9	9	9	9
:15	:15	:15	:15
:30	:30	:30	:30
:45	:45	:45	:45
10	10	10	10
:15	:15	:15	:15
:30	:30	:30	:30
:45	:45	:45	:45
11	11	11	11
:15	:15	:15	:15
:30	:30	:30	:30
:45	:45	:45	:45
12	12	12	12
:15	:15	:15	:15
:30	:30	:30	:30
:45	:45	:45	:45
1	1	1	1
:15	:15	:15	:15
:30	:30	:30	:30
:45	:45	:45	:45
2	2	2	2
:15	:15	:15	:15
:30	:30	:30	:30
:45	:45	:45	:45
3	3	3	3
:15	:15	:15	:15
:30	:30	:30	:30
:45	:45	:45	:45
4	4	4	4
:15	:15	:15	:15
:30	:30	:30	:30
:45	:45	:45	:45
5	5	5	5
:15	:15	:15	:15
:30	:30	:30	:30
:45	:45	:45	:45
6	6	6	6
:15	:15	:15	:15
:30	:30	:30	:30
:45	:45	:45	:45
7	7	7	7
:15	:15	:15	:15
:30	:30	:30	:30
:45	:45	:45	:45
8	8	8	8
:15	:15	:15	:15
:30	:30	:30	:30
:45	:45	:45	:45

Name:	Name:	Name:	Name:
Date:	Date:	Date:	Date:
7	7	7	7
:15	:15	:15	:15
:30	:30	:30	:30
:45	:45	:45	:45
8	8	8	8
:15	:15	:15	:15
:30	:30	:30	:30
:45	:45	:45	:45
9	9	9	9
:15	:15	:15	:15
:30	:30	:30	:30
:45	:45	:45	:45
10	10	10	10
:15	:15	:15	:15
:30	:30	:30	:30
:45	:45	:45	:45
11	11	11	11
:15	:15	:15	:15
:30	:30	:30	:30
:45	:45	:45	:45
12	12	12	12
:15	:15	:15	:15
:30	:30	:30	:30
:45	:45	:45	:45
1	1	1	1
:15	:15	:15	:15
:30	:30	:30	:30
:45	:45	:45	:45
2	2	2	2
:15	:15	:15	:15
:30	:30	:30	:30
:45	:45	:45	:45
3	3	3	3
:15	:15	:15	:15
:30	:30	:30	:30
:45	:45	:45	:45
4	4	4	4
:15	:15	:15	:15
:30	:30	:30	:30
:45	:45	:45	:45
5	5	5	5
:15	:15	:15	:15
:30	:30	:30	:30
:45	:45	:45	:45
6	6	6	6
:15	:15	:15	:15
:30	:30	:30	:30
:45	:45	:45	:45
7	7	7	7
:15	:15	:15	:15
:30	:30	:30	:30
:45	:45	:45	:45
8	8	8	8
:15	:15	:15	:15
:30	:30	:30	:30
:45	:45	:45	:45

Name:	Name:	Name:	Name:
Date:	Date:	Date:	Date:
7	7	7	7
:15	:15	:15	:15
:30	:30	:30	:30
:45	:45	:45	:45
8	8	8	8
:15	:15	:15	:15
:30	:30	:30	:30
:45	:45	:45	:45
9	9	9	9
:15	:15	:15	:15
:30	:30	:30	:30
:45	:45	:45	:45
10	10	10	10
:15	:15	:15	:15
:30	:30	:30	:30
:45	:45	:45	:45
11	11	11	11
:15	:15	:15	:15
:30	:30	:30	:30
:45	:45	:45	:45
12	12	12	12
:15	:15	:15	:15
:30	:30	:30	:30
:45	:45	:45	:45
1	1	1	1
:15	:15	:15	:15
:30	:30	:30	:30
:45	:45	:45	:45
2	2	2	2
:15	:15	:15	:15
:30	:30	:30	:30
:45	:45	:45	:45
3	3	3	3
:15	:15	:15	:15
:30	:30	:30	:30
:45	:45	:45	:45
4	4	4	4
:15	:15	:15	:15
:30	:30	:30	:30
:45	:45	:45	:45
5	5	5	5
:15	:15	:15	:15
:30	:30	:30	:30
:45	:45	:45	:45
6	6	6	6
:15	:15	:15	:15
:30	:30	:30	:30
:45	:45	:45	:45
7	7	7	7
:15	:15	:15	:15
:30	:30	:30	:30
:45	:45	:45	:45
8	8	8	8
:15	:15	:15	:15
:30	:30	:30	:30
:45	:45	:45	:45

Name: Date:	Name: Date:	Name: Date:	Name: Date:
7 :15 :30 :45	**7** :15 :30 :45	**7** :15 :30 :45	**7** :15 :30 :45
8 :15 :30 :45	**8** :15 :30 :45	**8** :15 :30 :45	**8** :15 :30 :45
9 :15 :30 :45	**9** :15 :30 :45	**9** :15 :30 :45	**9** :15 :30 :45
10 :15 :30 :45	**10** :15 :30 :45	**10** :15 :30 :45	**10** :15 :30 :45
11 :15 :30 :45	**11** :15 :30 :45	**11** :15 :30 :45	**11** :15 :30 :45
12 :15 :30 :45	**12** :15 :30 :45	**12** :15 :30 :45	**12** :15 :30 :45
1 :15 :30 :45	**1** :15 :30 :45	**1** :15 :30 :45	**1** :15 :30 :45
2 :15 :30 :45	**2** :15 :30 :45	**2** :15 :30 :45	**2** :15 :30 :45
3 :15 :30 :45	**3** :15 :30 :45	**3** :15 :30 :45	**3** :15 :30 :45
4 :15 :30 :45	**4** :15 :30 :45	**4** :15 :30 :45	**4** :15 :30 :45
5 :15 :30 :45	**5** :15 :30 :45	**5** :15 :30 :45	**5** :15 :30 :45
6 :15 :30 :45	**6** :15 :30 :45	**6** :15 :30 :45	**6** :15 :30 :45
7 :15 :30 :45	**7** :15 :30 :45	**7** :15 :30 :45	**7** :15 :30 :45
8 :15 :30 :45	**8** :15 :30 :45	**8** :15 :30 :45	**8** :15 :30 :45

Name:	Name:	Name:	Name:
Date:	Date:	Date:	Date:
7	**7**	**7**	**7**
:15	:15	:15	:15
:30	:30	:30	:30
:45	:45	:45	:45
8	**8**	**8**	**8**
:15	:15	:15	:15
:30	:30	:30	:30
:45	:45	:45	:45
9	**9**	**9**	**9**
:15	:15	:15	:15
:30	:30	:30	:30
:45	:45	:45	:45
10	**10**	**10**	**10**
:15	:15	:15	:15
:30	:30	:30	:30
:45	:45	:45	:45
11	**11**	**11**	**11**
:15	:15	:15	:15
:30	:30	:30	:30
:45	:45	:45	:45
12	**12**	**12**	**12**
:15	:15	:15	:15
:30	:30	:30	:30
:45	:45	:45	:45
1	**1**	**1**	**1**
:15	:15	:15	:15
:30	:30	:30	:30
:45	:45	:45	:45
2	**2**	**2**	**2**
:15	:15	:15	:15
:30	:30	:30	:30
:45	:45	:45	:45
3	**3**	**3**	**3**
:15	:15	:15	:15
:30	:30	:30	:30
:45	:45	:45	:45
4	**4**	**4**	**4**
:15	:15	:15	:15
:30	:30	:30	:30
:45	:45	:45	:45
5	**5**	**5**	**5**
:15	:15	:15	:15
:30	:30	:30	:30
:45	:45	:45	:45
6	**6**	**6**	**6**
:15	:15	:15	:15
:30	:30	:30	:30
:45	:45	:45	:45
7	**7**	**7**	**7**
:15	:15	:15	:15
:30	:30	:30	:30
:45	:45	:45	:45
8	**8**	**8**	**8**
:15	:15	:15	:15
:30	:30	:30	:30
:45	:45	:45	:45

Name: Date:	Name: Date:	Name: Date:	Name: Date:
7 :15 :30 :45	**7** :15 :30 :45	**7** :15 :30 :45	**7** :15 :30 :45
8 :15 :30 :45	**8** :15 :30 :45	**8** :15 :30 :45	**8** :15 :30 :45
9 :15 :30 :45	**9** :15 :30 :45	**9** :15 :30 :45	**9** :15 :30 :45
10 :15 :30 :45	**10** :15 :30 :45	**10** :15 :30 :45	**10** :15 :30 :45
11 :15 :30 :45	**11** :15 :30 :45	**11** :15 :30 :45	**11** :15 :30 :45
12 :15 :30 :45	**12** :15 :30 :45	**12** :15 :30 :45	**12** :15 :30 :45
1 :15 :30 :45	**1** :15 :30 :45	**1** :15 :30 :45	**1** :15 :30 :45
2 :15 :30 :45	**2** :15 :30 :45	**2** :15 :30 :45	**2** :15 :30 :45
3 :15 :30 :45	**3** :15 :30 :45	**3** :15 :30 :45	**3** :15 :30 :45
4 :15 :30 :45	**4** :15 :30 :45	**4** :15 :30 :45	**4** :15 :30 :45
5 :15 :30 :45	**5** :15 :30 :45	**5** :15 :30 :45	**5** :15 :30 :45
6 :15 :30 :45	**6** :15 :30 :45	**6** :15 :30 :45	**6** :15 :30 :45
7 :15 :30 :45	**7** :15 :30 :45	**7** :15 :30 :45	**7** :15 :30 :45
8 :15 :30 :45	**8** :15 :30 :45	**8** :15 :30 :45	**8** :15 :30 :45

Name:	Name:	Name:	Name:
Date:	Date:	Date:	Date:
7	7	7	7
:15	:15	:15	:15
:30	:30	:30	:30
:45	:45	:45	:45
8	8	8	8
:15	:15	:15	:15
:30	:30	:30	:30
:45	:45	:45	:45
9	9	9	9
:15	:15	:15	:15
:30	:30	:30	:30
:45	:45	:45	:45
10	10	10	10
:15	:15	:15	:15
:30	:30	:30	:30
:45	:45	:45	:45
11	11	11	11
:15	:15	:15	:15
:30	:30	:30	:30
:45	:45	:45	:45
12	12	12	12
:15	:15	:15	:15
:30	:30	:30	:30
:45	:45	:45	:45
1	1	1	1
:15	:15	:15	:15
:30	:30	:30	:30
:45	:45	:45	:45
2	2	2	2
:15	:15	:15	:15
:30	:30	:30	:30
:45	:45	:45	:45
3	3	3	3
:15	:15	:15	:15
:30	:30	:30	:30
:45	:45	:45	:45
4	4	4	4
:15	:15	:15	:15
:30	:30	:30	:30
:45	:45	:45	:45
5	5	5	5
:15	:15	:15	:15
:30	:30	:30	:30
:45	:45	:45	:45
6	6	6	6
:15	:15	:15	:15
:30	:30	:30	:30
:45	:45	:45	:45
7	7	7	7
:15	:15	:15	:15
:30	:30	:30	:30
:45	:45	:45	:45
8	8	8	8
:15	:15	:15	:15
:30	:30	:30	:30
:45	:45	:45	:45

Name: Date:	Name: Date:	Name: Date:	Name: Date:
7 :15 :30 :45	7 :15 :30 :45	7 :15 :30 :45	7 :15 :30 :45
8 :15 :30 :45	8 :15 :30 :45	8 :15 :30 :45	8 :15 :30 :45
9 :15 :30 :45	9 :15 :30 :45	9 :15 :30 :45	9 :15 :30 :45
10 :15 :30 :45	10 :15 :30 :45	10 :15 :30 :45	10 :15 :30 :45
11 :15 :30 :45	11 :15 :30 :45	11 :15 :30 :45	11 :15 :30 :45
12 :15 :30 :45	12 :15 :30 :45	12 :15 :30 :45	12 :15 :30 :45
1 :15 :30 :45	1 :15 :30 :45	1 :15 :30 :45	1 :15 :30 :45
2 :15 :30 :45	2 :15 :30 :45	2 :15 :30 :45	2 :15 :30 :45
3 :15 :30 :45	3 :15 :30 :45	3 :15 :30 :45	3 :15 :30 :45
4 :15 :30 :45	4 :15 :30 :45	4 :15 :30 :45	4 :15 :30 :45
5 :15 :30 :45	5 :15 :30 :45	5 :15 :30 :45	5 :15 :30 :45
6 :15 :30 :45	6 :15 :30 :45	6 :15 :30 :45	6 :15 :30 :45
7 :15 :30 :45	7 :15 :30 :45	7 :15 :30 :45	7 :15 :30 :45
8 :15 :30 :45	8 :15 :30 :45	8 :15 :30 :45	8 :15 :30 :45

Name:	Name:	Name:	Name:
Date:	Date:	Date:	Date:
7	7	7	7
:15	:15	:15	:15
:30	:30	:30	:30
:45	:45	:45	:45
8	8	8	8
:15	:15	:15	:15
:30	:30	:30	:30
:45	:45	:45	:45
9	9	9	9
:15	:15	:15	:15
:30	:30	:30	:30
:45	:45	:45	:45
10	10	10	10
:15	:15	:15	:15
:30	:30	:30	:30
:45	:45	:45	:45
11	11	11	11
:15	:15	:15	:15
:30	:30	:30	:30
:45	:45	:45	:45
12	12	12	12
:15	:15	:15	:15
:30	:30	:30	:30
:45	:45	:45	:45
1	1	1	1
:15	:15	:15	:15
:30	:30	:30	:30
:45	:45	:45	:45
2	2	2	2
:15	:15	:15	:15
:30	:30	:30	:30
:45	:45	:45	:45
3	3	3	3
:15	:15	:15	:15
:30	:30	:30	:30
:45	:45	:45	:45
4	4	4	4
:15	:15	:15	:15
:30	:30	:30	:30
:45	:45	:45	:45
5	5	5	5
:15	:15	:15	:15
:30	:30	:30	:30
:45	:45	:45	:45
6	6	6	6
:15	:15	:15	:15
:30	:30	:30	:30
:45	:45	:45	:45
7	7	7	7
:15	:15	:15	:15
:30	:30	:30	:30
:45	:45	:45	:45
8	8	8	8
:15	:15	:15	:15
:30	:30	:30	:30
:45	:45	:45	:45

Name:	Name:	Name:	Name:
Date:	Date:	Date:	Date:
7	7	7	7
:15	:15	:15	:15
:30	:30	:30	:30
:45	:45	:45	:45
8	8	8	8
:15	:15	:15	:15
:30	:30	:30	:30
:45	:45	:45	:45
9	9	9	9
:15	:15	:15	:15
:30	:30	:30	:30
:45	:45	:45	:45
10	10	10	10
:15	:15	:15	:15
:30	:30	:30	:30
:45	:45	:45	:45
11	11	11	11
:15	:15	:15	:15
:30	:30	:30	:30
:45	:45	:45	:45
12	12	12	12
:15	:15	:15	:15
:30	:30	:30	:30
:45	:45	:45	:45
1	1	1	1
:15	:15	:15	:15
:30	:30	:30	:30
:45	:45	:45	:45
2	2	2	2
:15	:15	:15	:15
:30	:30	:30	:30
:45	:45	:45	:45
3	3	3	3
:15	:15	:15	:15
:30	:30	:30	:30
:45	:45	:45	:45
4	4	4	4
:15	:15	:15	:15
:30	:30	:30	:30
:45	:45	:45	:45
5	5	5	5
:15	:15	:15	:15
:30	:30	:30	:30
:45	:45	:45	:45
6	6	6	6
:15	:15	:15	:15
:30	:30	:30	:30
:45	:45	:45	:45
7	7	7	7
:15	:15	:15	:15
:30	:30	:30	:30
:45	:45	:45	:45
8	8	8	8
:15	:15	:15	:15
:30	:30	:30	:30
:45	:45	:45	:45

Name:	Name:	Name:	Name:
Date:	Date:	Date:	Date:
7	7	7	7
:15	:15	:15	:15
:30	:30	:30	:30
:45	:45	:45	:45
8	8	8	8
:15	:15	:15	:15
:30	:30	:30	:30
:45	:45	:45	:45
9	9	9	9
:15	:15	:15	:15
:30	:30	:30	:30
:45	:45	:45	:45
10	10	10	10
:15	:15	:15	:15
:30	:30	:30	:30
:45	:45	:45	:45
11	11	11	11
:15	:15	:15	:15
:30	:30	:30	:30
:45	:45	:45	:45
12	12	12	12
:15	:15	:15	:15
:30	:30	:30	:30
:45	:45	:45	:45
1	1	1	1
:15	:15	:15	:15
:30	:30	:30	:30
:45	:45	:45	:45
2	2	2	2
:15	:15	:15	:15
:30	:30	:30	:30
:45	:45	:45	:45
3	3	3	3
:15	:15	:15	:15
:30	:30	:30	:30
:45	:45	:45	:45
4	4	4	4
:15	:15	:15	:15
:30	:30	:30	:30
:45	:45	:45	:45
5	5	5	5
:15	:15	:15	:15
:30	:30	:30	:30
:45	:45	:45	:45
6	6	6	6
:15	:15	:15	:15
:30	:30	:30	:30
:45	:45	:45	:45
7	7	7	7
:15	:15	:15	:15
:30	:30	:30	:30
:45	:45	:45	:45
8	8	8	8
:15	:15	:15	:15
:30	:30	:30	:30
:45	:45	:45	:45

Name:	Name:	Name:	Name:
Date:	Date:	Date:	Date:
7	7	7	7
:15	:15	:15	:15
:30	:30	:30	:30
:45	:45	:45	:45
8	8	8	8
:15	:15	:15	:15
:30	:30	:30	:30
:45	:45	:45	:45
9	9	9	9
:15	:15	:15	:15
:30	:30	:30	:30
:45	:45	:45	:45
10	10	10	10
:15	:15	:15	:15
:30	:30	:30	:30
:45	:45	:45	:45
11	11	11	11
:15	:15	:15	:15
:30	:30	:30	:30
:45	:45	:45	:45
12	12	12	12
:15	:15	:15	:15
:30	:30	:30	:30
:45	:45	:45	:45
1	1	1	1
:15	:15	:15	:15
:30	:30	:30	:30
:45	:45	:45	:45
2	2	2	2
:15	:15	:15	:15
:30	:30	:30	:30
:45	:45	:45	:45
3	3	3	3
:15	:15	:15	:15
:30	:30	:30	:30
:45	:45	:45	:45
4	4	4	4
:15	:15	:15	:15
:30	:30	:30	:30
:45	:45	:45	:45
5	5	5	5
:15	:15	:15	:15
:30	:30	:30	:30
:45	:45	:45	:45
6	6	6	6
:15	:15	:15	:15
:30	:30	:30	:30
:45	:45	:45	:45
7	7	7	7
:15	:15	:15	:15
:30	:30	:30	:30
:45	:45	:45	:45
8	8	8	8
:15	:15	:15	:15
:30	:30	:30	:30
:45	:45	:45	:45

Name:	Name:	Name:	Name:
Date:	**Date:**	**Date:**	**Date:**
7	7	7	7
:15	:15	:15	:15
:30	:30	:30	:30
:45	:45	:45	:45
8	8	8	8
:15	:15	:15	:15
:30	:30	:30	:30
:45	:45	:45	:45
9	9	9	9
:15	:15	:15	:15
:30	:30	:30	:30
:45	:45	:45	:45
10	10	10	10
:15	:15	:15	:15
:30	:30	:30	:30
:45	:45	:45	:45
11	11	11	11
:15	:15	:15	:15
:30	:30	:30	:30
:45	:45	:45	:45
12	12	12	12
:15	:15	:15	:15
:30	:30	:30	:30
:45	:45	:45	:45
1	1	1	1
:15	:15	:15	:15
:30	:30	:30	:30
:45	:45	:45	:45
2	2	2	2
:15	:15	:15	:15
:30	:30	:30	:30
:45	:45	:45	:45
3	3	3	3
:15	:15	:15	:15
:30	:30	:30	:30
:45	:45	:45	:45
4	4	4	4
:15	:15	:15	:15
:30	:30	:30	:30
:45	:45	:45	:45
5	5	5	5
:15	:15	:15	:15
:30	:30	:30	:30
:45	:45	:45	:45
6	6	6	6
:15	:15	:15	:15
:30	:30	:30	:30
:45	:45	:45	:45
7	7	7	7
:15	:15	:15	:15
:30	:30	:30	:30
:45	:45	:45	:45
8	8	8	8
:15	:15	:15	:15
:30	:30	:30	:30
:45	:45	:45	:45

Name:	Name:	Name:	Name:
Date:	Date:	Date:	Date:
7	7	7	7
:15	:15	:15	:15
:30	:30	:30	:30
:45	:45	:45	:45
8	8	8	8
:15	:15	:15	:15
:30	:30	:30	:30
:45	:45	:45	:45
9	9	9	9
:15	:15	:15	:15
:30	:30	:30	:30
:45	:45	:45	:45
10	10	10	10
:15	:15	:15	:15
:30	:30	:30	:30
:45	:45	:45	:45
11	11	11	11
:15	:15	:15	:15
:30	:30	:30	:30
:45	:45	:45	:45
12	12	12	12
:15	:15	:15	:15
:30	:30	:30	:30
:45	:45	:45	:45
1	1	1	1
:15	:15	:15	:15
:30	:30	:30	:30
:45	:45	:45	:45
2	2	2	2
:15	:15	:15	:15
:30	:30	:30	:30
:45	:45	:45	:45
3	3	3	3
:15	:15	:15	:15
:30	:30	:30	:30
:45	:45	:45	:45
4	4	4	4
:15	:15	:15	:15
:30	:30	:30	:30
:45	:45	:45	:45
5	5	5	5
:15	:15	:15	:15
:30	:30	:30	:30
:45	:45	:45	:45
6	6	6	6
:15	:15	:15	:15
:30	:30	:30	:30
:45	:45	:45	:45
7	7	7	7
:15	:15	:15	:15
:30	:30	:30	:30
:45	:45	:45	:45
8	8	8	8
:15	:15	:15	:15
:30	:30	:30	:30
:45	:45	:45	:45

Name:	Name:	Name:	Name:
Date:	Date:	Date:	Date:
7	7	7	7
:15	:15	:15	:15
:30	:30	:30	:30
:45	:45	:45	:45
8	8	8	8
:15	:15	:15	:15
:30	:30	:30	:30
:45	:45	:45	:45
9	9	9	9
:15	:15	:15	:15
:30	:30	:30	:30
:45	:45	:45	:45
10	10	10	10
:15	:15	:15	:15
:30	:30	:30	:30
:45	:45	:45	:45
11	11	11	11
:15	:15	:15	:15
:30	:30	:30	:30
:45	:45	:45	:45
12	12	12	12
:15	:15	:15	:15
:30	:30	:30	:30
:45	:45	:45	:45
1	1	1	1
:15	:15	:15	:15
:30	:30	:30	:30
:45	:45	:45	:45
2	2	2	2
:15	:15	:15	:15
:30	:30	:30	:30
:45	:45	:45	:45
3	3	3	3
:15	:15	:15	:15
:30	:30	:30	:30
:45	:45	:45	:45
4	4	4	4
:15	:15	:15	:15
:30	:30	:30	:30
:45	:45	:45	:45
5	5	5	5
:15	:15	:15	:15
:30	:30	:30	:30
:45	:45	:45	:45
6	6	6	6
:15	:15	:15	:15
:30	:30	:30	:30
:45	:45	:45	:45
7	7	7	7
:15	:15	:15	:15
:30	:30	:30	:30
:45	:45	:45	:45
8	8	8	8
:15	:15	:15	:15
:30	:30	:30	:30
:45	:45	:45	:45

Name:	Name:	Name:	Name:
Date:	Date:	Date:	Date:
7	7	7	7
:15	:15	:15	:15
:30	:30	:30	:30
:45	:45	:45	:45
8	8	8	8
:15	:15	:15	:15
:30	:30	:30	:30
:45	:45	:45	:45
9	9	9	9
:15	:15	:15	:15
:30	:30	:30	:30
:45	:45	:45	:45
10	10	10	10
:15	:15	:15	:15
:30	:30	:30	:30
:45	:45	:45	:45
11	11	11	11
:15	:15	:15	:15
:30	:30	:30	:30
:45	:45	:45	:45
12	12	12	12
:15	:15	:15	:15
:30	:30	:30	:30
:45	:45	:45	:45
1	1	1	1
:15	:15	:15	:15
:30	:30	:30	:30
:45	:45	:45	:45
2	2	2	2
:15	:15	:15	:15
:30	:30	:30	:30
:45	:45	:45	:45
3	3	3	3
:15	:15	:15	:15
:30	:30	:30	:30
:45	:45	:45	:45
4	4	4	4
:15	:15	:15	:15
:30	:30	:30	:30
:45	:45	:45	:45
5	5	5	5
:15	:15	:15	:15
:30	:30	:30	:30
:45	:45	:45	:45
6	6	6	6
:15	:15	:15	:15
:30	:30	:30	:30
:45	:45	:45	:45
7	7	7	7
:15	:15	:15	:15
:30	:30	:30	:30
:45	:45	:45	:45
8	8	8	8
:15	:15	:15	:15
:30	:30	:30	:30
:45	:45	:45	:45

Name:	Name:	Name:	Name:
Date:	Date:	Date:	Date:
7	7	7	7
:15	:15	:15	:15
:30	:30	:30	:30
:45	:45	:45	:45
8	8	8	8
:15	:15	:15	:15
:30	:30	:30	:30
:45	:45	:45	:45
9	9	9	9
:15	:15	:15	:15
:30	:30	:30	:30
:45	:45	:45	:45
10	10	10	10
:15	:15	:15	:15
:30	:30	:30	:30
:45	:45	:45	:45
11	11	11	11
:15	:15	:15	:15
:30	:30	:30	:30
:45	:45	:45	:45
12	12	12	12
:15	:15	:15	:15
:30	:30	:30	:30
:45	:45	:45	:45
1	1	1	1
:15	:15	:15	:15
:30	:30	:30	:30
:45	:45	:45	:45
2	2	2	2
:15	:15	:15	:15
:30	:30	:30	:30
:45	:45	:45	:45
3	3	3	3
:15	:15	:15	:15
:30	:30	:30	:30
:45	:45	:45	:45
4	4	4	4
:15	:15	:15	:15
:30	:30	:30	:30
:45	:45	:45	:45
5	5	5	5
:15	:15	:15	:15
:30	:30	:30	:30
:45	:45	:45	:45
6	6	6	6
:15	:15	:15	:15
:30	:30	:30	:30
:45	:45	:45	:45
7	7	7	7
:15	:15	:15	:15
:30	:30	:30	:30
:45	:45	:45	:45
8	8	8	8
:15	:15	:15	:15
:30	:30	:30	:30
:45	:45	:45	:45

Name:	Name:	Name:	Name:
Date:	Date:	Date:	Date:
7	7	7	7
:15	:15	:15	:15
:30	:30	:30	:30
:45	:45	:45	:45
8	8	8	8
:15	:15	:15	:15
:30	:30	:30	:30
:45	:45	:45	:45
9	9	9	9
:15	:15	:15	:15
:30	:30	:30	:30
:45	:45	:45	:45
10	10	10	10
:15	:15	:15	:15
:30	:30	:30	:30
:45	:45	:45	:45
11	11	11	11
:15	:15	:15	:15
:30	:30	:30	:30
:45	:45	:45	:45
12	12	12	12
:15	:15	:15	:15
:30	:30	:30	:30
:45	:45	:45	:45
1	1	1	1
:15	:15	:15	:15
:30	:30	:30	:30
:45	:45	:45	:45
2	2	2	2
:15	:15	:15	:15
:30	:30	:30	:30
:45	:45	:45	:45
3	3	3	3
:15	:15	:15	:15
:30	:30	:30	:30
:45	:45	:45	:45
4	4	4	4
:15	:15	:15	:15
:30	:30	:30	:30
:45	:45	:45	:45
5	5	5	5
:15	:15	:15	:15
:30	:30	:30	:30
:45	:45	:45	:45
6	6	6	6
:15	:15	:15	:15
:30	:30	:30	:30
:45	:45	:45	:45
7	7	7	7
:15	:15	:15	:15
:30	:30	:30	:30
:45	:45	:45	:45
8	8	8	8
:15	:15	:15	:15
:30	:30	:30	:30
:45	:45	:45	:45

Name:	Name:	Name:	Name:
Date:	Date:	Date:	Date:
7	7	7	7
:15	:15	:15	:15
:30	:30	:30	:30
:45	:45	:45	:45
8	8	8	8
:15	:15	:15	:15
:30	:30	:30	:30
:45	:45	:45	:45
9	9	9	9
:15	:15	:15	:15
:30	:30	:30	:30
:45	:45	:45	:45
10	10	10	10
:15	:15	:15	:15
:30	:30	:30	:30
:45	:45	:45	:45
11	11	11	11
:15	:15	:15	:15
:30	:30	:30	:30
:45	:45	:45	:45
12	12	12	12
:15	:15	:15	:15
:30	:30	:30	:30
:45	:45	:45	:45
1	1	1	1
:15	:15	:15	:15
:30	:30	:30	:30
:45	:45	:45	:45
2	2	2	2
:15	:15	:15	:15
:30	:30	:30	:30
:45	:45	:45	:45
3	3	3	3
:15	:15	:15	:15
:30	:30	:30	:30
:45	:45	:45	:45
4	4	4	4
:15	:15	:15	:15
:30	:30	:30	:30
:45	:45	:45	:45
5	5	5	5
:15	:15	:15	:15
:30	:30	:30	:30
:45	:45	:45	:45
6	6	6	6
:15	:15	:15	:15
:30	:30	:30	:30
:45	:45	:45	:45
7	7	7	7
:15	:15	:15	:15
:30	:30	:30	:30
:45	:45	:45	:45
8	8	8	8
:15	:15	:15	:15
:30	:30	:30	:30
:45	:45	:45	:45

Name:	Name:	Name:	Name:
Date:	Date:	Date:	Date:
7	7	7	7
:15	:15	:15	:15
:30	:30	:30	:30
:45	:45	:45	:45
8	8	8	8
:15	:15	:15	:15
:30	:30	:30	:30
:45	:45	:45	:45
9	9	9	9
:15	:15	:15	:15
:30	:30	:30	:30
:45	:45	:45	:45
10	10	10	10
:15	:15	:15	:15
:30	:30	:30	:30
:45	:45	:45	:45
11	11	11	11
:15	:15	:15	:15
:30	:30	:30	:30
:45	:45	:45	:45
12	12	12	12
:15	:15	:15	:15
:30	:30	:30	:30
:45	:45	:45	:45
1	1	1	1
:15	:15	:15	:15
:30	:30	:30	:30
:45	:45	:45	:45
2	2	2	2
:15	:15	:15	:15
:30	:30	:30	:30
:45	:45	:45	:45
3	3	3	3
:15	:15	:15	:15
:30	:30	:30	:30
:45	:45	:45	:45
4	4	4	4
:15	:15	:15	:15
:30	:30	:30	:30
:45	:45	:45	:45
5	5	5	5
:15	:15	:15	:15
:30	:30	:30	:30
:45	:45	:45	:45
6	6	6	6
:15	:15	:15	:15
:30	:30	:30	:30
:45	:45	:45	:45
7	7	7	7
:15	:15	:15	:15
:30	:30	:30	:30
:45	:45	:45	:45
8	8	8	8
:15	:15	:15	:15
:30	:30	:30	:30
:45	:45	:45	:45

Name:	Name:	Name:	Name:
Date:	Date:	Date:	Date:

7	7	7	7
:15	:15	:15	:15
:30	:30	:30	:30
:45	:45	:45	:45
8	8	8	8
:15	:15	:15	:15
:30	:30	:30	:30
:45	:45	:45	:45
9	9	9	9
:15	:15	:15	:15
:30	:30	:30	:30
:45	:45	:45	:45
10	10	10	10
:15	:15	:15	:15
:30	:30	:30	:30
:45	:45	:45	:45
11	11	11	11
:15	:15	:15	:15
:30	:30	:30	:30
:45	:45	:45	:45
12	12	12	12
:15	:15	:15	:15
:30	:30	:30	:30
:45	:45	:45	:45
1	1	1	1
:15	:15	:15	:15
:30	:30	:30	:30
:45	:45	:45	:45
2	2	2	2
:15	:15	:15	:15
:30	:30	:30	:30
:45	:45	:45	:45
3	3	3	3
:15	:15	:15	:15
:30	:30	:30	:30
:45	:45	:45	:45
4	4	4	4
:15	:15	:15	:15
:30	:30	:30	:30
:45	:45	:45	:45
5	5	5	5
:15	:15	:15	:15
:30	:30	:30	:30
:15	:45	:45	:45
6	6	6	6
:15	:15	:15	:15
:30	:30	:30	:30
:45	:45	:45	:45
7	7	7	7
:15	:15	:15	:15
:30	:30	:30	:30
:45	:45	:45	:45
8	8	8	8
:15	:15	:15	:15
:30	:30	:30	:30
:45	:45	:45	:45

Name: Date:	Name: Date:	Name: Date:	Name: Date:
7 :15 :30 :45	7 :15 :30 :45	7 :15 :30 :45	7 :15 :30 :45
8 :15 :30 :45	8 :15 :30 :45	8 :15 :30 :45	8 :15 :30 :45
9 :15 :30 :45	9 :15 :30 :45	9 :15 :30 :45	9 :15 :30 :45
10 :15 :30 :45	10 :15 :30 :45	10 :15 :30 :45	10 :15 :30 :45
11 :15 :30 :45	11 :15 :30 :45	11 :15 :30 :45	11 :15 :30 :45
12 :15 :30 :45	12 :15 :30 :45	12 :15 :30 :45	12 :15 :30 :45
1 :15 :30 :45	1 :15 :30 :45	1 :15 :30 :45	1 :15 :30 :45
2 :15 :30 :45	2 :15 :30 :45	2 :15 :30 :45	2 :15 :30 :45
3 :15 :30 :45	3 :15 :30 :45	3 :15 :30 :45	3 :15 :30 :45
4 :15 :30 :45	4 :15 :30 :45	4 :15 :30 :45	4 :15 :30 :45
5 :15 :30 :45	5 :15 :30 :45	5 :15 :30 :45	5 :15 :30 :45
6 :15 :30 :45	6 :15 :30 :45	6 :15 :30 :45	6 :15 :30 :45
7 :15 :30 :45	7 :15 :30 :45	7 :15 :30 :45	7 :15 :30 :45
8 :15 :30 :45	8 :15 :30 :45	8 :15 :30 :45	8 :15 :30 :45

Name:	Name:	Name:	Name:
Date:	Date:	Date:	Date:
7	7	7	7
:15	:15	:15	:15
:30	:30	:30	:30
:45	:45	:45	:45
8	8	8	8
:15	:15	:15	:15
:30	:30	:30	:30
:45	:45	:45	:45
9	9	9	9
:15	:15	:15	:15
:30	:30	:30	:30
:45	:45	:45	:45
10	10	10	10
:15	:15	:15	:15
:30	:30	:30	:30
:45	:45	:45	:45
11	11	11	11
:15	:15	:15	:15
:30	:30	:30	:30
:45	:45	:45	:45
12	12	12	12
:15	:15	:15	:15
:30	:30	:30	:30
:45	:45	:45	:45
1	1	1	1
:15	:15	:15	:15
:30	:30	:30	:30
:45	:45	:45	:45
2	2	2	2
:15	:15	:15	:15
:30	:30	:30	:30
:45	:45	:45	:45
3	3	3	3
:15	:15	:15	:15
:30	:30	:30	:30
:45	:45	:45	:45
4	4	4	4
:15	:15	:15	:15
:30	:30	:30	:30
:45	:45	:45	:45
5	5	5	5
:15	:15	:15	:15
:30	:30	:30	:30
:45	:45	:45	:45
6	6	6	6
:15	:15	:15	:15
:30	:30	:30	:30
:45	:45	:45	:45
7	7	7	7
:15	:15	:15	:15
:30	:30	:30	:30
:45	:45	:45	:45
8	8	8	8
:15	:15	:15	:15
:30	:30	:30	:30
:45	:45	:45	:45

Name:	Name:	Name:	Name:
Date:	Date:	Date:	Date:
7	7	7	7
:15	:15	:15	:15
:30	:30	:30	:30
:45	:45	:45	:45
8	8	8	8
:15	:15	:15	:15
:30	:30	:30	:30
:45	:45	:45	:45
9	9	9	9
:15	:15	:15	:15
:30	:30	:30	:30
:45	:45	:45	:45
10	10	10	10
:15	:15	:15	:15
:30	:30	:30	:30
:45	:45	:45	:45
11	11	11	11
:15	:15	:15	:15
:30	:30	:30	:30
:45	:45	:45	:45
12	12	12	12
:15	:15	:15	:15
:30	:30	:30	:30
:45	:45	:45	:45
1	1	1	1
:15	:15	:15	:15
:30	:30	:30	:30
:45	:45	:45	:45
2	2	2	2
:15	:15	:15	:15
:30	:30	:30	:30
:45	:45	:45	:45
3	3	3	3
:15	:15	:15	:15
:30	:30	:30	:30
:45	:45	:45	:45
4	4	4	4
:15	:15	:15	:15
:30	:30	:30	:30
:45	:45	:45	:45
5	5	5	5
:15	:15	:15	:15
:30	:30	:30	:30
:45	:45	:45	:45
6	6	6	6
:15	:15	:15	:15
:30	:30	:30	:30
:45	:45	:45	:45
7	7	7	7
:15	:15	:15	:15
:30	:30	:30	:30
:45	:45	:45	:45
8	8	8	8
:15	:15	:15	:15
:30	:30	:30	:30
:45	:45	:45	:45

Name:	Name:	Name:	Name:
Date:	Date:	Date:	Date:
7	7	7	7
:15	:15	:15	:15
:30	:30	:30	:30
:45	:45	:45	:45
8	8	8	8
:15	:15	:15	:15
:30	:30	:30	:30
:45	:45	:45	:45
9	9	9	9
:15	:15	:15	:15
:30	:30	:30	:30
:45	:45	:45	:45
10	10	10	10
:15	:15	:15	:15
:30	:30	:30	:30
:45	:45	:45	:45
11	11	11	11
:15	:15	:15	:15
:30	:30	:30	:30
:45	:45	:45	:45
12	12	12	12
:15	:15	:15	:15
:30	:30	:30	:30
:45	:45	:45	:45
1	1	1	1
:15	:15	:15	:15
:30	:30	:30	:30
:45	:45	:45	:45
2	2	2	2
:15	:15	:15	:15
:30	:30	:30	:30
:45	:45	:45	:45
3	3	3	3
:15	:15	:15	:15
:30	:30	:30	:30
:45	:45	:45	:45
4	4	4	4
:15	:15	:15	:15
:30	:30	:30	:30
:45	:45	:45	:45
5	5	5	5
:15	:15	:15	:15
:30	:30	:30	:30
:45	:45	:45	:45
6	6	6	6
:15	:15	:15	:15
:30	:30	:30	:30
:45	:45	:45	:45
7	7	7	7
:15	:15	:15	:15
:30	:30	:30	:30
:45	:45	:45	:45
8	8	8	8
:15	:15	:15	:15
:30	:30	:30	:30
:45	:45	:45	:45

Name: Date:	Name: Date:	Name: Date:	Name: Date:
7 :15 :30 :45	7 :15 :30 :45	7 :15 :30 :45	7 :15 :30 :45
8 :15 :30 :45	8 :15 :30 :45	8 :15 :30 :45	8 :15 :30 :45
9 :15 :30 :45	9 :15 :30 :45	9 :15 :30 :45	9 :15 :30 :45
10 :15 :30 :45	10 :15 :30 :45	10 :15 :30 :45	10 :15 :30 :45
11 :15 :30 :45	11 :15 :30 :45	11 :15 :30 :45	11 :15 :30 :45
12 :15 :30 :45	12 :15 :30 :45	12 :15 :30 :45	12 :15 :30 :45
1 :15 :30 :45	1 :15 :30 :45	1 :15 :30 :45	1 :15 :30 :45
2 :15 :30 :45	2 :15 :30 :45	2 :15 :30 :45	2 :15 :30 :45
3 :15 :30 :45	3 :15 :30 :45	3 :15 :30 :45	3 :15 :30 :45
4 :15 :30 :45	4 :15 :30 :45	4 :15 :30 :45	4 :15 :30 :45
5 :15 :30 :45	5 :15 :30 :45	5 :15 :30 :45	5 :15 :30 :45
6 :15 :30 :45	6 :15 :30 :45	6 :15 :30 :45	6 :15 :30 :45
7 :15 :30 :45	7 :15 :30 :45	7 :15 :30 :45	7 :15 :30 :45
8 :15 :30 :45	8 :15 :30 :45	8 :15 :30 :45	8 :15 :30 :45

Name:	Name:	Name:	Name:
Date:	Date:	Date:	Date:
7	7	7	7
:15	:15	:15	:15
:30	:30	:30	:30
:45	:45	:45	:45
8	8	8	8
:15	:15	:15	:15
:30	:30	:30	:30
:45	:45	:45	:45
9	9	9	9
:15	:15	:15	:15
:30	:30	:30	:30
:45	:45	:45	:45
10	10	10	10
:15	:15	:15	:15
:30	:30	:30	:30
:45	:45	:45	:45
11	11	11	11
:15	:15	:15	:15
:30	:30	:30	:30
:45	:45	:45	:45
12	12	12	12
:15	:15	:15	:15
:30	:30	:30	:30
:45	:45	:45	:45
1	1	1	1
:15	:15	:15	:15
:30	:30	:30	:30
:45	:45	:45	:45
2	2	2	2
:15	:15	:15	:15
:30	:30	:30	:30
:45	:45	:45	:45
3	3	3	3
:15	:15	:15	:15
:30	:30	:30	:30
:45	:45	:45	:45
4	4	4	4
:15	:15	:15	:15
:30	:30	:30	:30
:45	:45	:45	:45
5	5	5	5
:15	:15	:15	:15
:30	:30	:30	:30
:45	:45	:45	:45
6	6	6	6
:15	:15	:15	:15
:30	:30	:30	:30
:45	:45	:45	:45
7	7	7	7
:15	:15	:15	:15
:30	:30	:30	:30
:45	:45	:45	:45
8	8	8	8
:15	:15	:15	:15
:30	:30	:30	:30
:45	:45	:45	:45

Name: Date:	Name: Date:	Name: Date:	Name: Date:
7 :15 :30 :45	7 :15 :30 :45	7 :15 :30 :45	7 :15 :30 :45
8 :15 :30 :45	8 :15 :30 :45	8 :15 :30 :45	8 :15 :30 :45
9 :15 :30 :45	9 :15 :30 :45	9 :15 :30 :45	9 :15 :30 :45
10 :15 :30 :45	10 :15 :30 :45	10 :15 :30 :45	10 :15 :30 :45
11 :15 :30 :45	11 :15 :30 :45	11 :15 :30 :45	11 :15 :30 :45
12 :15 :30 :45	12 :15 :30 :45	12 :15 :30 :45	12 :15 :30 :45
1 :15 :30 :45	1 :15 :30 :45	1 :15 :30 :45	1 :15 :30 :45
2 :15 :30 :45	2 :15 :30 :45	2 :15 :30 :45	2 :15 :30 :45
3 :15 :30 :45	3 :15 :30 :45	3 :15 :30 :45	3 :15 :30 :45
4 :15 :30 :45	4 :15 :30 :45	4 :15 :30 :45	4 :15 :30 :45
5 :15 :30 :45	5 :15 :30 :45	5 :15 :30 :45	5 :15 :30 :45
6 :15 :30 :45	6 :15 :30 :45	6 :15 :30 :45	6 :15 :30 :45
7 :15 :30 :45	7 :15 :30 :45	7 :15 :30 :45	7 :15 :30 :45
8 :15 :30 :45	8 :15 :30 :45	8 :15 :30 :45	8 :15 :30 :45

Name:	Name:	Name:	Name:
Date:	Date:	Date:	Date:
7	7	7	7
:15	:15	:15	:15
:30	:30	:30	:30
:45	:45	:45	:45
8	8	8	8
:15	:15	:15	:15
:30	:30	:30	:30
:45	:45	:45	:45
9	9	9	9
:15	:15	:15	:15
:30	:30	:30	:30
:45	:45	:45	:45
10	10	10	10
:15	:15	:15	:15
:30	:30	:30	:30
:45	:45	:45	:45
11	11	11	11
:15	:15	:15	:15
:30	:30	:30	:30
:45	:45	:45	:45
12	12	12	12
:15	:15	:15	:15
:30	:30	:30	:30
:45	:45	:45	:45
1	1	1	1
:15	:15	:15	:15
:30	:30	:30	:30
:45	:45	:45	:45
2	2	2	2
:15	:15	:15	:15
:30	:30	:30	:30
:45	:45	:45	:45
3	3	3	3
:15	:15	:15	:15
:30	:30	:30	:30
:45	:45	:45	:45
4	4	4	4
:15	:15	:15	:15
:30	:30	:30	:30
:45	:45	:45	:45
5	5	5	5
:15	:15	:15	:15
:30	:30	:30	:30
:45	:45	:45	:45
6	6	6	6
:15	:15	:15	:15
:30	:30	:30	:30
:45	:45	:45	:45
7	7	7	7
:15	:15	:15	:15
:30	:30	:30	:30
:45	:45	:45	:45
8	8	8	8
:15	:15	:15	:15
:30	:30	:30	:30
:45	:45	:45	:45

Name: Date:	Name: Date:	Name: Date:	Name: Date:
7 :15 :30 :45	**7** :15 :30 :45	**7** :15 :30 :45	**7** :15 :30 :45
8 :15 :30 :45	**8** :15 :30 :45	**8** :15 :30 :45	**8** :15 :30 :45
9 :15 :30 :45	**9** :15 :30 :45	**9** :15 :30 :45	**9** :15 :30 :45
10 :15 :30 :45	**10** :15 :30 :45	**10** :15 :30 :45	**10** :15 :30 :45
11 :15 :30 :45	**11** :15 :30 :45	**11** :15 :30 :45	**11** :15 :30 :45
12 :15 :30 :45	**12** :15 :30 :45	**12** :15 :30 :45	**12** :15 :30 :45
1 :15 :30 :45	**1** :15 :30 :45	**1** :15 :30 :45	**1** :15 :30 :45
2 :15 :30 :45	**2** :15 :30 :45	**2** :15 :30 :45	**2** :15 :30 :45
3 :15 :30 :45	**3** :15 :30 :45	**3** :15 :30 :45	**3** :15 :30 :45
4 :15 :30 :45	**4** :15 :30 :45	**4** :15 :30 :45	**4** :15 :30 :45
5 :15 :30 :45	**5** :15 :30 :45	**5** :15 :30 :45	**5** :15 :30 :45
6 :15 :30 :45	**6** :15 :30 :45	**6** :15 :30 :45	**6** :15 :30 :45
7 :15 :30 :45	**7** :15 :30 :45	**7** :15 :30 :45	**7** :15 :30 :45
8 :15 :30 :45	**8** :15 :30 :45	**8** :15 :30 :45	**8** :15 :30 :45

Name:	Name:	Name:	Name:
Date:	Date:	Date:	Date:
7	7	7	7
:15	:15	:15	:15
:30	:30	:30	:30
:45	:45	:45	:45
8	8	8	8
:15	:15	:15	:15
:30	:30	:30	:30
:45	:45	:45	:45
9	9	9	9
:15	:15	:15	:15
:30	:30	:30	:30
:45	:45	:45	:45
10	10	10	10
:15	:15	:15	:15
:30	:30	:30	:30
:45	:45	:45	:45
11	11	11	11
:15	:15	:15	:15
:30	:30	:30	:30
:45	:45	:45	:45
12	12	12	12
:15	:15	:15	:15
:30	:30	:30	:30
:45	:45	:45	:45
1	1	1	1
:15	:15	:15	:15
:30	:30	:30	:30
:45	:45	:45	:45
2	2	2	2
:15	:15	:15	:15
:30	:30	:30	:30
:45	:45	:45	:45
3	3	3	3
:15	:15	:15	:15
:30	:30	:30	:30
:45	:45	:45	:45
4	4	4	4
:15	:15	:15	:15
:30	:30	:30	:30
:45	:45	:45	:45
5	5	5	5
:15	:15	:15	:15
:30	:30	:30	:30
:45	:45	:45	:45
6	6	6	6
:15	:15	:15	:15
:30	:30	:30	:30
:45	:45	:45	:45
7	7	7	7
:15	:15	:15	:15
:30	:30	:30	:30
:45	:45	:45	:45
8	8	8	8
:15	:15	:15	:15
:30	:30	:30	:30
:45	:45	:45	:45

Name: Date:	Name: Date:	Name: Date:	Name: Date:
7 :15 :30 :45	7 :15 :30 :45	7 :15 :30 :45	7 :15 :30 :45
8 :15 :30 :45	8 :15 :30 :45	8 :15 :30 :45	8 :15 :30 :45
9 :15 :30 :45	9 :15 :30 :45	9 :15 :30 :45	9 :15 :30 :45
10 :15 :30 :45	10 :15 :30 :45	10 :15 :30 :45	10 :15 :30 :45
11 :15 :30 :45	11 :15 :30 :45	11 :15 :30 :45	11 :15 :30 :45
12 :15 :30 :45	12 :15 :30 :45	12 :15 :30 :45	12 :15 :30 :45
1 :15 :30 :45	1 :15 :30 :45	1 :15 :30 :45	1 :15 :30 :45
2 :15 :30 :45	2 :15 :30 :45	2 :15 :30 :45	2 :15 :30 :45
3 :15 :30 :45	3 :15 :30 :45	3 :15 :30 :45	3 :15 :30 :45
4 :15 :30 :45	4 :15 :30 :45	4 :15 :30 :45	4 :15 :30 :45
5 :15 :30 :45	5 :15 :30 :45	5 :15 :30 :45	5 :15 :30 :45
6 :15 :30 :45	6 :15 :30 :45	6 :15 :30 :45	6 :15 :30 :45
7 :15 :30 :45	7 :15 :30 :45	7 :15 :30 :45	7 :15 :30 :45
8 :15 :30 :45	8 :15 :30 :45	8 :15 :30 :45	8 :15 :30 :45

Name:	Name:	Name:	Name:
Date:	Date:	Date:	Date:
7	7	7	7
:15	:15	:15	:15
:30	:30	:30	:30
:45	:45	:45	:45
8	8	8	8
:15	:15	:15	:15
:30	:30	:30	:30
:45	:45	:45	:45
9	9	9	9
:15	:15	:15	:15
:30	:30	:30	:30
:45	:45	:45	:45
10	10	10	10
:15	:15	:15	:15
:30	:30	:30	:30
:45	:45	:45	:45
11	11	11	11
:15	:15	:15	:15
:30	:30	:30	:30
:45	:45	:45	:45
12	12	12	12
:15	:15	:15	:15
:30	:30	:30	:30
:45	:45	:45	:45
1	1	1	1
:15	:15	:15	:15
:30	:30	:30	:30
:45	:45	:45	:45
2	2	2	2
:15	:15	:15	:15
:30	:30	:30	:30
:45	:45	:45	:45
3	3	3	3
:15	:15	:15	:15
:30	:30	:30	:30
:45	:45	:45	:45
4	4	4	4
:15	:15	:15	:15
:30	:30	:30	:30
:45	:45	:45	:45
5	5	5	5
:15	:15	:15	:15
:30	:30	:30	:30
:45	:45	:45	:45
6	6	6	6
:15	:15	:15	:15
:30	:30	:30	:30
:45	:45	:45	:45
7	7	7	7
:15	:15	:15	:15
:30	:30	:30	:30
:45	:45	:45	:45
8	8	8	8
:15	:15	:15	:15
:30	:30	:30	:30
:45	:45	:45	:45

Name: Date:	Name: Date:	Name: Date:	Name: Date:
7 :15 :30 :45	**7** :15 :30 :45	**7** :15 :30 :45	**7** :15 :30 :45
8 :15 :30 :45	**8** :15 :30 :45	**8** :15 :30 :45	**8** :15 :30 :45
9 :15 :30 :45	**9** :15 :30 :45	**9** :15 :30 :45	**9** :15 :30 :45
10 :15 :30 :45	**10** :15 :30 :45	**10** :15 :30 :45	**10** :15 :30 :45
11 :15 :30 :45	**11** :15 :30 :45	**11** :15 :30 :45	**11** :15 :30 :45
12 :15 :30 :45	**12** :15 :30 :45	**12** :15 :30 :45	**12** :15 :30 :45
1 :15 :30 :45	**1** :15 :30 :45	**1** :15 :30 :45	**1** :15 :30 :45
2 :15 :30 :45	**2** :15 :30 :45	**2** :15 :30 :45	**2** :15 :30 :45
3 :15 :30 :45	**3** :15 :30 :45	**3** :15 :30 :45	**3** :15 :30 :45
4 :15 :30 :45	**4** :15 :30 :45	**4** :15 :30 :45	**4** :15 :30 :45
5 :15 :30 :45	**5** :15 :30 :45	**5** :15 :30 :45	**5** :15 :30 :45
6 :15 :30 :45	**6** :15 :30 :45	**6** :15 :30 :45	**6** :15 :30 :45
7 :15 :30 :45	**7** :15 :30 :45	**7** :15 :30 :45	**7** :15 :30 :45
8 :15 :30 :45	**8** :15 :30 :45	**8** :15 :30 :45	**8** :15 :30 :45

Name:	Name:	Name:	Name:
Date:	Date:	Date:	Date:
7	7	7	7
:15	:15	:15	:15
:30	:30	:30	:30
:45	:45	:45	:45
8	8	8	8
:15	:15	:15	:15
:30	:30	:30	:30
:45	:45	:45	:45
9	9	9	9
:15	:15	:15	:15
:30	:30	:30	:30
:45	:45	:45	:45
10	10	10	10
:15	:15	:15	:15
:30	:30	:30	:30
:45	:45	:45	:45
11	11	11	11
:15	:15	:15	:15
:30	:30	:30	:30
:45	:45	:45	:45
12	12	12	12
:15	:15	:15	:15
:30	:30	:30	:30
:45	:45	:45	:45
1	1	1	1
:15	:15	:15	:15
:30	:30	:30	:30
:45	:45	:45	:45
2	2	2	2
:15	:15	:15	:15
:30	:30	:30	:30
:45	:45	:45	:45
3	3	3	3
:15	:15	:15	:15
:30	:30	:30	:30
:45	:45	:45	:45
4	4	4	4
:15	:15	:15	:15
:30	:30	:30	:30
:45	:45	:45	:45
5	5	5	5
:15	:15	:15	:15
:30	:30	:30	:30
:45	:45	:45	:45
6	6	6	6
:15	:15	:15	:15
:30	:30	:30	:30
:45	:45	:45	:45
7	7	7	7
:15	:15	:15	:15
:30	:30	:30	:30
:45	:45	:45	:45
8	8	8	8
:15	:15	:15	:15
:30	:30	:30	:30
:45	:45	:45	:45

Name: Date:	Name: Date:	Name: Date:	Name: Date:
7 :15 :30 :45	7 :15 :30 :45	7 :15 :30 :45	7 :15 :30 :45
8 :15 :30 :45	8 :15 :30 :45	8 :15 :30 :45	8 :15 :30 :45
9 :15 :30 :45	9 :15 :30 :45	9 :15 :30 :45	9 :15 :30 :45
10 :15 :30 :45	10 :15 :30 :45	10 :15 :30 :45	10 :15 :30 :45
11 :15 :30 :45	11 :15 :30 :45	11 :15 :30 :45	11 :15 :30 :45
12 :15 :30 :45	12 :15 :30 :45	12 :15 :30 :45	12 :15 :30 :45
1 :15 :30 :45	1 :15 :30 :45	1 :15 :30 :45	1 :15 :30 :45
2 :15 :30 :45	2 :15 :30 :45	2 :15 :30 :45	2 :15 :30 :45
3 :15 :30 :45	3 :15 :30 :45	3 :15 :30 :45	3 :15 :30 :45
4 :15 :30 :45	4 :15 :30 :45	4 :15 :30 :45	4 :15 :30 :45
5 :15 :30 :45	5 :15 :30 :45	5 :15 :30 :45	5 :15 :30 :45
6 :15 :30 :45	6 :15 :30 :45	6 :15 :30 :45	6 :15 :30 :45
7 :15 :30 :45	7 :15 :30 :45	7 :15 :30 :45	7 :15 :30 :45
8 :15 :30 :45	8 :15 :30 :45	8 :15 :30 :45	8 :15 :30 :45

Name:	Name:	Name:	Name:
Date:	Date:	Date:	Date:
7	7	7	7
:15	:15	:15	:15
:30	:30	:30	:30
:45	:45	:45	:45
8	8	8	8
:15	:15	:15	:15
:30	:30	:30	:30
:45	:45	:45	:45
9	9	9	9
:15	:15	:15	:15
:30	:30	:30	:30
:45	:45	:45	:45
10	10	10	10
:15	:15	:15	:15
:30	:30	:30	:30
:45	:45	:45	:45
11	11	11	11
:15	:15	:15	:15
:30	:30	:30	:30
:45	:45	:45	:45
12	12	12	12
:15	:15	:15	:15
:30	:30	:30	:30
:45	:45	:45	:45
1	1	1	1
:15	:15	:15	:15
:30	:30	:30	:30
:45	:45	:45	:45
2	2	2	2
:15	:15	:15	:15
:30	:30	:30	:30
:45	:45	:45	:45
3	3	3	3
:15	:15	:15	:15
:30	:30	:30	:30
:45	:45	:45	:45
4	4	4	4
:15	:15	:15	:15
:30	:30	:30	:30
:45	:45	:45	:45
5	5	5	5
:15	:15	:15	:15
:30	:30	:30	:30
:45	:45	:45	:45
6	6	6	6
:15	:15	:15	:15
:30	:30	:30	:30
:45	:45	:45	:45
7	7	7	7
:15	:15	:15	:15
:30	:30	:30	:30
:45	:45	:45	:45
8	8	8	8
:15	:15	:15	:15
:30	:30	:30	:30
:45	:45	:45	:45

Name:	Name:	Name:	Name:
Date:	Date:	Date:	Date:
7	7	7	7
:15	:15	:15	:15
:30	:30	:30	:30
:45	:45	:45	:45
8	8	8	8
:15	:15	:15	:15
:30	:30	:30	:30
:45	:45	:45	:45
9	9	9	9
:15	:15	:15	:15
:30	:30	:30	:30
:45	:45	:45	:45
10	10	10	10
:15	:15	:15	:15
:30	:30	:30	:30
:45	:45	:45	:45
11	11	11	11
:15	:15	:15	:15
:30	:30	:30	:30
:45	:45	:45	:45
12	12	12	12
:15	:15	:15	:15
:30	:30	:30	:30
:45	:45	:45	:45
1	1	1	1
:15	:15	:15	:15
:30	:30	:30	:30
:45	:45	:45	:45
2	2	2	2
:15	:15	:15	:15
:30	:30	:30	:30
:45	:45	:45	:45
3	3	3	3
:15	:15	:15	:15
:30	:30	:30	:30
:45	:45	:45	:45
4	4	4	4
:15	:15	:15	:15
:30	:30	:30	:30
:45	:45	:45	:45
5	5	5	5
:15	:15	:15	:15
:30	:30	:30	:30
:45	:45	:45	:45
6	6	6	6
:15	:15	:15	:15
:30	:30	:30	:30
:45	:45	:45	:45
7	7	7	7
:15	:15	:15	:15
:30	:30	:30	:30
:45	:45	:45	:45
8	8	8	8
:15	:15	:15	:15
:30	:30	:30	:30
:45	:45	:45	:45

Name:	Name:	Name:	Name:
Date:	Date:	Date:	Date:
7	7	7	7
:15	:15	:15	:15
:30	:30	:30	:30
:45	:45	:45	:45
8	8	8	8
:15	:15	:15	:15
:30	:30	:30	:30
:45	:45	:45	:45
9	9	9	9
:15	:15	:15	:15
:30	:30	:30	:30
:45	:45	:45	:45
10	10	10	10
:15	:15	:15	:15
:30	:30	:30	:30
:45	:45	:45	:45
11	11	11	11
:15	:15	:15	:15
:30	:30	:30	:30
:45	:45	:45	:45
12	12	12	12
:15	:15	:15	:15
:30	:30	:30	:30
:45	:45	:45	:45
1	1	1	1
:15	:15	:15	:15
:30	:30	:30	:30
:45	:45	:45	:45
2	2	2	2
:15	:15	:15	:15
:30	:30	:30	:30
:45	:45	:45	:45
3	3	3	3
:15	:15	:15	:15
:30	:30	:30	:30
:45	:45	:45	:45
4	4	4	4
:15	:15	:15	:15
:30	:30	:30	:30
:45	:45	:45	:45
5	5	5	5
:15	:15	:15	:15
:30	:30	:30	:30
:45	:45	:45	:45
6	6	6	6
:15	:15	:15	:15
:30	:30	:30	:30
:45	:45	:45	:45
7	7	7	7
:15	:15	:15	:15
:30	:30	:30	:30
:45	:45	:45	:45
8	8	8	8
:15	:15	:15	:15
:30	:30	:30	:30
:45	:45	:45	:45

Name:	Name:	Name:	Name:
Date:	Date:	Date:	Date:
7	7	7	7
:15	:15	:15	:15
:30	:30	:30	:30
:45	:45	:45	:45
8	8	8	8
:15	:15	:15	:15
:30	:30	:30	:30
:45	:45	:45	:45
9	9	9	9
:15	:15	:15	:15
:30	:30	:30	:30
:45	:45	:45	:45
10	10	10	10
:15	:15	:15	:15
:30	:30	:30	:30
:45	:45	:45	:45
11	11	11	11
:15	:15	:15	:15
:30	:30	:30	:30
:45	:45	:45	:45
12	12	12	12
:15	:15	:15	:15
:30	:30	:30	:30
:45	:45	:45	:45
1	1	1	1
:15	:15	:15	:15
:30	:30	:30	:30
:45	:45	:45	:45
2	2	2	2
:15	:15	:15	:15
:30	:30	:30	:30
:45	:45	:45	:45
3	3	3	3
:15	:15	:15	:15
:30	:30	:30	:30
:45	:45	:45	:45
4	4	4	4
:15	:15	:15	:15
:30	:30	:30	:30
:45	:45	:45	:45
5	5	5	5
:15	:15	:15	:15
:30	:30	:30	:30
:45	:45	:45	:45
6	6	6	6
:15	:15	:15	:15
:30	:30	:30	:30
:45	:45	:45	:45
7	7	7	7
:15	:15	:15	:15
:30	:30	:30	:30
:45	:45	:45	:45
8	8	8	8
:15	:15	:15	:15
:30	:30	:30	:30
:45	:45	:45	:45

Name:	Name:	Name:	Name:
Date:	Date:	Date:	Date:
7	7	7	7
:15	:15	:15	:15
:30	:30	:30	:30
:45	:45	:45	:45
8	8	8	8
:15	:15	:15	:15
:30	:30	:30	:30
:45	:45	:45	:45
9	9	9	9
:15	:15	:15	:15
:30	:30	:30	:30
:45	:45	:45	:45
10	10	10	10
:15	:15	:15	:15
:30	:30	:30	:30
:45	:45	:45	:45
11	11	11	11
:15	:15	:15	:15
:30	:30	:30	:30
:45	:45	:45	:45
12	12	12	12
:15	:15	:15	:15
:30	:30	:30	:30
:45	:45	:45	:45
1	1	1	1
:15	:15	:15	:15
:30	:30	:30	:30
:45	:45	:45	:45
2	2	2	2
:15	:15	:15	:15
:30	:30	:30	:30
:45	:45	:45	:45
3	3	3	3
:15	:15	:15	:15
:30	:30	:30	:30
:45	:45	:45	:45
4	4	4	4
:15	:15	:15	:15
:30	:30	:30	:30
:45	:45	:45	:45
5	5	5	5
:15	:15	:15	:15
:30	:30	:30	:30
:45	:45	:45	:45
6	6	6	6
:15	:15	:15	:15
:30	:30	:30	:30
:45	:45	:45	:45
7	7	7	7
:15	:15	:15	:15
:30	:30	:30	:30
:45	:45	:45	:45
8	8	8	8
:15	:15	:15	:15
:30	:30	:30	:30
:45	:45	:45	:45

Name:	Name:	Name:	Name:
Date:	Date:	Date:	Date:
7	7	7	7
:15	:15	:15	:15
:30	:30	:30	:30
:45	:45	:45	:45
8	8	8	8
:15	:15	:15	:15
:30	:30	:30	:30
:45	:45	:45	:45
9	9	9	9
:15	:15	:15	:15
:30	:30	:30	:30
:45	:45	:45	:45
10	10	10	10
:15	:15	:15	:15
:30	:30	:30	:30
:45	:45	:45	:45
11	11	11	11
:15	:15	:15	:15
:30	:30	:30	:30
:45	:45	:45	:45
12	12	12	12
:15	:15	:15	:15
:30	:30	:30	:30
:45	:45	:45	:45
1	1	1	1
:15	:15	:15	:15
:30	:30	:30	:30
:45	:45	:45	:45
2	2	2	2
:15	:15	:15	:15
:30	:30	:30	:30
:45	:45	:45	:45
3	3	3	3
:15	:15	:15	:15
:30	:30	:30	:30
:45	:45	:45	:45
4	4	4	4
:15	:15	:15	:15
:30	:30	:30	:30
:45	:45	:45	:45
5	5	5	5
:15	:15	:15	:15
:30	:30	:30	:30
:45	:45	:45	:45
6	6	6	6
:15	:15	:15	:15
:30	:30	:30	:30
:45	:45	:45	:45
7	7	7	7
:15	:15	:15	:15
:30	:30	:30	:30
:45	:45	:45	:45
8	8	8	8
:15	:15	:15	:15
:30	:30	:30	:30
:45	:45	:45	:45

Name:	Name:	Name:	Name:
Date:	Date:	Date:	Date:
7	7	7	7
:15	:15	:15	:15
:30	:30	:30	:30
:45	:45	:45	:45
8	8	8	8
:15	:15	:15	:15
:30	:30	:30	:30
:45	:45	:45	:45
9	9	9	9
:15	:15	:15	:15
:30	:30	:30	:30
:45	:45	:45	:45
10	10	10	10
:15	:15	:15	:15
:30	:30	:30	:30
:45	:45	:45	:45
11	11	11	11
:15	:15	:15	:15
:30	:30	:30	:30
:45	:45	:45	:45
12	12	12	12
:15	:15	:15	:15
:30	:30	:30	:30
:45	:45	:45	:45
1	1	1	1
:15	:15	:15	:15
:30	:30	:30	:30
:45	:45	:45	:45
2	2	2	2
:15	:15	:15	:15
:30	:30	:30	:30
:45	:45	:45	:45
3	3	3	3
:15	:15	:15	:15
:30	:30	:30	:30
:45	:45	:45	:45
4	4	4	4
:15	:15	:15	:15
:30	:30	:30	:30
:45	:45	:45	:45
5	5	5	5
:15	:15	:15	:15
:30	:30	:30	:30
:45	:45	:45	:45
6	6	6	6
:15	:15	:15	:15
:30	:30	:30	:30
:45	:45	:45	:45
7	7	7	7
:15	:15	:15	:15
:30	:30	:30	:30
:45	:45	:45	:45
8	8	8	8
:15	:15	:15	:15
:30	:30	:30	:30
:45	:45	:45	:45

Name:	Name:	Name:	Name:
Date:	Date:	Date:	Date:
7	7	7	7
:15	:15	:15	:15
:30	:30	:30	:30
:45	:45	:45	:45
8	8	8	8
:15	:15	:15	:15
:30	:30	:30	:30
:45	:45	:45	:45
9	9	9	9
:15	:15	:15	:15
:30	:30	:30	:30
:45	:45	:45	:45
10	10	10	10
:15	:15	:15	:15
:30	:30	:30	:30
:45	:45	:45	:45
11	11	11	11
:15	:15	:15	:15
:30	:30	:30	:30
:45	:45	:45	:45
12	12	12	12
:15	:15	:15	:15
:30	:30	:30	:30
:45	:45	:45	:45
1	1	1	1
:15	:15	:15	:15
:30	:30	:30	:30
:45	:45	:45	:45
2	2	2	2
:15	:15	:15	:15
:30	:30	:30	:30
:45	:45	:45	:45
3	3	3	3
:15	:15	:15	:15
:30	:30	:30	:30
:45	:45	:45	:45
4	4	4	4
:15	:15	:15	:15
:30	:30	:30	:30
:45	:45	:45	:45
5	5	5	5
:15	:15	:15	:15
:30	:30	:30	:30
:45	:45	:45	:45
6	6	6	6
:15	:15	:15	:15
:30	:30	:30	:30
:45	:45	:45	:45
7	7	7	7
:15	:15	:15	:15
:30	:30	:30	:30
:45	:45	:45	:45
8	8	8	8
:15	:15	:15	:15
:30	:30	:30	:30
:45	:45	:45	:45

Name:	Name:	Name:	Name:
Date:	Date:	Date:	Date:
7	7	7	7
:15	:15	:15	:15
:30	:30	:30	:30
:45	:45	:45	:45
8	8	8	8
:15	:15	:15	:15
:30	:30	:30	:30
:45	:45	:45	:45
9	9	9	9
:15	:15	:15	:15
:30	:30	:30	:30
:45	:45	:45	:45
10	10	10	10
:15	:15	:15	:15
:30	:30	:30	:30
:45	:45	:45	:45
11	11	11	11
:15	:15	:15	:15
:30	:30	:30	:30
:45	:45	:45	:45
12	12	12	12
:15	:15	:15	:15
:30	:30	:30	:30
:45	:45	:45	:45
1	1	1	1
:15	:15	:15	:15
:30	:30	:30	:30
:45	:45	:45	:45
2	2	2	2
:15	:15	:15	:15
:30	:30	:30	:30
:45	:45	:45	:45
3	3	3	3
:15	:15	:15	:15
:30	:30	:30	:30
:45	:45	:45	:45
4	4	4	4
:15	:15	:15	:15
:30	:30	:30	:30
:45	:45	:45	:45
5	5	5	5
:15	:15	:15	:15
:30	:30	:30	:30
:45	:45	:45	:45
6	6	6	6
:15	:15	:15	:15
:30	:30	:30	:30
:45	:45	:45	:45
7	7	7	7
:15	:15	:15	:15
:30	:30	:30	:30
:45	:45	:45	:45
8	8	8	8
:15	:15	:15	:15
:30	:30	:30	:30
:45	:45	:45	:45

Name:	Name:	Name:	Name:
Date:	Date:	Date:	Date:
7	7	7	7
:15	:15	:15	:15
:30	:30	:30	:30
:45	:45	:45	:45
8	8	8	8
:15	:15	:15	:15
:30	:30	:30	:30
:45	:45	:45	:45
9	9	9	9
:15	:15	:15	:15
:30	:30	:30	:30
:45	:45	:45	:45
10	10	10	10
:15	:15	:15	:15
:30	:30	:30	:30
:45	:45	:45	:45
11	11	11	11
:15	:15	:15	:15
:30	:30	:30	:30
:45	:45	:45	:45
12	12	12	12
:15	:15	:15	:15
:30	:30	:30	:30
:45	:45	:45	:45
1	1	1	1
:15	:15	:15	:15
:30	:30	:30	:30
:45	:45	:45	:45
2	2	2	2
:15	:15	:15	:15
:30	:30	:30	:30
:45	:45	:45	:45
3	3	3	3
:15	:15	:15	:15
:30	:30	:30	:30
:45	:45	:45	:45
4	4	4	4
:15	:15	:15	:15
:30	:30	:30	:30
:45	:45	:45	:45
5	5	5	5
:15	:15	:15	:15
:30	:30	:30	:30
:45	:45	:45	:45
6	6	6	6
:15	:15	:15	:15
:30	:30	:30	:30
:45	:45	:45	:45
7	7	7	7
:15	:15	:15	:15
:30	:30	:30	:30
:45	:45	:45	:45
8	8	8	8
:15	:15	:15	:15
:30	:30	:30	:30
:45	:45	:45	:45

Name:	Name:	Name:	Name:
Date:	Date:	Date:	Date:
7	7	7	7
:15	:15	:15	:15
:30	:30	:30	:30
:45	:45	:45	:45
8	8	8	8
:15	:15	:15	:15
:30	:30	:30	:30
:45	:45	:45	:45
9	9	9	9
:15	:15	:15	:15
:30	:30	:30	:30
:45	:45	:45	:45
10	10	10	10
:15	:15	:15	:15
:30	:30	:30	:30
:45	:45	:45	:45
11	11	11	11
:15	:15	:15	:15
:30	:30	:30	:30
:45	:45	:45	:45
12	12	12	12
:15	:15	:15	:15
:30	:30	:30	:30
:45	:45	:45	:45
1	1	1	1
:15	:15	:15	:15
:30	:30	:30	:30
:45	:45	:45	:45
2	2	2	2
:15	:15	:15	:15
:30	:30	:30	:30
:45	:45	:45	:45
3	3	3	3
:15	:15	:15	:15
:30	:30	:30	:30
:45	:45	:45	:45
4	4	4	4
:15	:15	:15	:15
:30	:30	:30	:30
:45	:45	:45	:45
5	5	5	5
:15	:15	:15	:15
:30	:30	:30	:30
:45	:45	:45	:45
6	6	6	6
:15	:15	:15	:15
:30	:30	:30	:30
:45	:45	:45	:45
7	7	7	7
:15	:15	:15	:15
:30	:30	:30	:30
:45	:45	:45	:45
8	8	8	8
:15	:15	:15	:15
:30	:30	:30	:30
:45	:45	:45	:45

Name: Date:	Name: Date:	Name: Date:	Name: Date:
7 :15 :30 :45	7 :15 :30 :45	7 :15 :30 :45	7 :15 :30 :45
8 :15 :30 :45	8 :15 :30 :45	8 :15 :30 :45	8 :15 :30 :45
9 :15 :30 :45	9 :15 :30 :45	9 :15 :30 :45	9 :15 :30 :45
10 :15 :30 :45	10 :15 :30 :45	10 :15 :30 :45	10 :15 :30 :45
11 :15 :30 :45	11 :15 :30 :45	11 :15 :30 :45	11 :15 :30 :45
12 :15 :30 :45	12 :15 :30 :45	12 :15 :30 :45	12 :15 :30 :45
1 :15 :30 :45	1 :15 :30 :45	1 :15 :30 :45	1 :15 :30 :45
2 :15 :30 :45	2 :15 :30 :45	2 :15 :30 :45	2 :15 :30 :45
3 :15 :30 :45	3 :15 :30 :45	3 :15 :30 :45	3 :15 :30 :45
4 :15 :30 :45	4 :15 :30 :45	4 :15 :30 :45	4 :15 :30 :45
5 :15 :30 :45	5 :15 :30 :45	5 :15 :30 :45	5 :15 :30 :45
6 :15 :30 :45	6 :15 :30 :45	6 :15 :30 :45	6 :15 :30 :45
7 :15 :30 :45	7 :15 :30 :45	7 :15 :30 :45	7 :15 :30 :45
8 :15 :30 :45	8 :15 :30 :45	8 :15 :30 :45	8 :15 :30 :45

Name:	Name:	Name:	Name:
Date:	Date:	Date:	Date:
7	7	7	7
:15	:15	:15	:15
:30	:30	:30	:30
:45	:45	:45	:45
8	8	8	8
:15	:15	:15	:15
:30	:30	:30	:30
:45	:45	:45	:45
9	9	9	9
:15	:15	:15	:15
:30	:30	:30	:30
:45	:45	:45	:45
10	10	10	10
:15	:15	:15	:15
:30	:30	:30	:30
:45	:45	:45	:45
11	11	11	11
:15	:15	:15	:15
:30	:30	:30	:30
:45	:45	:45	:45
12	12	12	12
:15	:15	:15	:15
:30	:30	:30	:30
:45	:45	:45	:45
1	1	1	1
:15	:15	:15	:15
:30	:30	:30	:30
:45	:45	:45	:45
2	2	2	2
:15	:15	:15	:15
:30	:30	:30	:30
:45	:45	:45	:45
3	3	3	3
:15	:15	:15	:15
:30	:30	:30	:30
:45	:45	:45	:45
4	4	4	4
:15	:15	:15	:15
:30	:30	:30	:30
:45	:45	:45	:45
5	5	5	5
:15	:15	:15	:15
:30	:30	:30	:30
:45	:45	:45	:45
6	6	6	6
:15	:15	:15	:15
:30	:30	:30	:30
:45	:45	:45	:45
7	7	7	7
:15	:15	:15	:15
:30	:30	:30	:30
:45	:45	:45	:45
8	8	8	8
:15	:15	:15	:15
:30	:30	:30	:30
:45	:45	:45	:45

Name:	Name:	Name:	Name:
Date:	Date:	Date:	Date:

7	**7**	**7**	**7**
:15	:15	:15	:15
:30	:30	:30	:30
:45	:45	:45	:45
8	**8**	**8**	**8**
:15	:15	:15	:15
:30	:30	:30	:30
:45	:45	:45	:45
9	**9**	**9**	**9**
:15	:15	:15	:15
:30	:30	:30	:30
:45	:45	:45	:45
10	**10**	**10**	**10**
:15	:15	:15	:15
:30	:30	:30	:30
:45	:45	:45	:45
11	**11**	**11**	**11**
:15	:15	:15	:15
:30	:30	:30	:30
:45	:45	:45	:45
12	**12**	**12**	**12**
:15	:15	:15	:15
:30	:30	:30	:30
:45	:45	:45	:45
1	**1**	**1**	**1**
:15	:15	:15	:15
:30	:30	:30	:30
:45	:45	:45	:45
2	**2**	**2**	**2**
:15	:15	:15	:15
:30	:30	:30	:30
:45	:45	:45	:45
3	**3**	**3**	**3**
:15	:15	:15	:15
:30	:30	:30	:30
:45	:45	:45	:45
4	**4**	**4**	**4**
:15	:15	:15	:15
:30	:30	:30	:30
:45	:45	:45	:45
5	**5**	**5**	**5**
:15	:15	:15	:15
:30	:30	:30	:30
:45	:45	:45	:45
6	**6**	**6**	**6**
:15	:15	:15	:15
:30	:30	:30	:30
:45	:45	:45	:45
7	**7**	**7**	**7**
:15	:15	:15	:15
:30	:30	:30	:30
:45	:45	:45	:45
8	**8**	**8**	**8**
:15	:15	:15	:15
:30	:30	:30	:30
:45	:45	:45	:45

Name:	Name:	Name:	Name:
Date:	Date:	Date:	Date:
7	7	7	7
:15	:15	:15	:15
:30	:30	:30	:30
:45	:45	:45	:45
8	8	8	8
:15	:15	:15	:15
:30	:30	:30	:30
:45	:45	:45	:45
9	9	9	9
:15	:15	:15	:15
:30	:30	:30	:30
:45	:45	:45	:45
10	10	10	10
:15	:15	:15	:15
:30	:30	:30	:30
:45	:45	:45	:45
11	11	11	11
:15	:15	:15	:15
:30	:30	:30	:30
:45	:45	:45	:45
12	12	12	12
:15	:15	:15	:15
:30	:30	:30	:30
:45	:45	:45	:45
1	1	1	1
:15	:15	:15	:15
:30	:30	:30	:30
:45	:45	:45	:45
2	2	2	2
:15	:15	:15	:15
:30	:30	:30	:30
:45	:45	:45	:45
3	3	3	3
:15	:15	:15	:15
:30	:30	:30	:30
:45	:45	:45	:45
4	4	4	4
:15	:15	:15	:15
:30	:30	:30	:30
:45	:45	:45	:45
5	5	5	5
:15	:15	:15	:15
:30	:30	:30	:30
:45	:45	:45	:45
6	6	6	6
:15	:15	:15	:15
:30	:30	:30	:30
:45	:45	:45	:45
7	7	7	7
:15	:15	:15	:15
:30	:30	:30	:30
:45	:45	:45	:45
8	8	8	8
:15	:15	:15	:15
:30	:30	:30	:30
:45	:45	:45	:45

Name:	Name:	Name:	Name:
Date:	Date:	Date:	Date:
7	7	7	7
:15	:15	:15	:15
:30	:30	:30	:30
:45	:45	:45	:45
8	8	8	8
:15	:15	:15	:15
:30	:30	:30	:30
:45	:45	:45	:45
9	9	9	9
:15	:15	:15	:15
:30	:30	:30	:30
:45	:45	:45	:45
10	10	10	10
:15	:15	:15	:15
:30	:30	:30	:30
:45	:45	:45	:45
11	11	11	11
:15	:15	:15	:15
:30	:30	:30	:30
:45	:45	:45	:45
12	12	12	12
:15	:15	:15	:15
:30	:30	:30	:30
:45	:45	:45	:45
1	1	1	1
:15	:15	:15	:15
:30	:30	:30	:30
:45	:45	:45	:45
2	2	2	2
:15	:15	:15	:15
:30	:30	:30	:30
:45	:45	:45	:45
3	3	3	3
:15	:15	:15	:15
:30	:30	:30	:30
:45	:45	:45	:45
4	4	4	4
:15	:15	:15	:15
:30	:30	:30	:30
:45	:45	:45	:45
5	5	5	5
:15	:15	:15	:15
:30	:30	:30	:30
:45	:45	:45	:45
6	6	6	6
:15	:15	:15	:15
:30	:30	:30	:30
:45	:45	:45	:45
7	7	7	7
:15	:15	:15	:15
:30	:30	:30	:30
:45	:45	:45	:45
8	8	8	8
:15	:15	:15	:15
:30	:30	:30	:30
:45	:45	:45	:45

Name:	Name:	Name:	Name:
Date:	Date:	Date:	Date:
7	7	7	7
:15	:15	:15	:15
:30	:30	:30	:30
:45	:45	:45	:45
8	8	8	8
:15	:15	:15	:15
:30	:30	:30	:30
:45	:45	:45	:45
9	9	9	9
:15	:15	:15	:15
:30	:30	:30	:30
:45	:45	:45	:45
10	10	10	10
:15	:15	:15	:15
:30	:30	:30	:30
:45	:45	:45	:45
11	11	11	11
:15	:15	:15	:15
:30	:30	:30	:30
:45	:45	:45	:45
12	12	12	12
:15	:15	:15	:15
:30	:30	:30	:30
:45	:45	:45	:45
1	1	1	1
:15	:15	:15	:15
:30	:30	:30	:30
:45	:45	:45	:45
2	2	2	2
:15	:15	:15	:15
:30	:30	:30	:30
:45	:45	:45	:45
3	3	3	3
:15	:15	:15	:15
:30	:30	:30	:30
:45	:45	:45	:45
4	4	4	4
:15	:15	:15	:15
:30	:30	:30	:30
:45	:45	:45	:45
5	5	5	5
:15	:15	:15	:15
:30	:30	:30	:30
:45	:45	:45	:45
6	6	6	6
:15	:15	:15	:15
:30	:30	:30	:30
:45	:45	:45	:45
7	7	7	7
:15	:15	:15	:15
:30	:30	:30	:30
:45	:45	:45	:45
8	8	8	8
:15	:15	:15	:15
:30	:30	:30	:30
:45	:45	:45	:45

Name: Date:	Name: Date:	Name: Date:	Name: Date:
7 :15 :30 :45	7 :15 :30 :45	7 :15 :30 :45	7 :15 :30 :45
8 :15 :30 :45	8 :15 :30 :45	8 :15 :30 :45	8 :15 :30 :45
9 :15 :30 :45	9 :15 :30 :45	9 :15 :30 :45	9 :15 :30 :45
10 :15 :30 :45	10 :15 :30 :45	10 :15 :30 :45	10 :15 :30 :45
11 :15 :30 :45	11 :15 :30 :45	11 :15 :30 :45	11 :15 :30 :45
12 :15 :30 :45	12 :15 :30 :45	12 :15 :30 :45	12 :15 :30 :45
1 :15 :30 :45	1 :15 :30 :45	1 :15 :30 :45	1 :15 :30 :45
2 :15 :30 :45	2 :15 :30 :45	2 :15 :30 :45	2 :15 :30 :45
3 :15 :30 :45	3 :15 :30 :45	3 :15 :30 :45	3 :15 :30 :45
4 :15 :30 :45	4 :15 :30 :45	4 :15 :30 :45	4 :15 :30 :45
5 :15 :30 :45	5 :15 :30 :45	5 :15 :30 :45	5 :15 :30 :45
6 :15 :30 :45	6 :15 :30 :45	6 :15 :30 :45	6 :15 :30 :45
7 :15 :30 :45	7 :15 :30 :45	7 :15 :30 :45	7 :15 :30 :45
8 :15 :30 :45	8 :15 :30 :45	8 :15 :30 :45	8 :15 :30 :45

Name:	Name:	Name:	Name:
Date:	Date:	Date:	Date:
7	7	7	7
:15	:15	:15	:15
:30	:30	:30	:30
:45	:45	:45	:45
8	8	8	8
:15	:15	:15	:15
:30	:30	:30	:30
:45	:45	:45	:45
9	9	9	9
:15	:15	:15	:15
:30	:30	:30	:30
:45	:45	:45	:45
10	10	10	10
:15	:15	:15	:15
:30	:30	:30	:30
:45	:45	:45	:45
11	11	11	11
:15	:15	:15	:15
:30	:30	:30	:30
:45	:45	:45	:45
12	12	12	12
:15	:15	:15	:15
:30	:30	:30	:30
:45	:45	:45	:45
1	1	1	1
:15	:15	:15	:15
:30	:30	:30	:30
:45	:45	:45	:45
2	2	2	2
:15	:15	:15	:15
:30	:30	:30	:30
:45	:45	:45	:45
3	3	3	3
:15	:15	:15	:15
:30	:30	:30	:30
:45	:45	:45	:45
4	4	4	4
:15	:15	:15	:15
:30	:30	:30	:30
:45	:45	:45	:45
5	5	5	5
:15	:15	:15	:15
:30	:30	:30	:30
:45	:45	:45	:45
6	6	6	6
:15	:15	:15	:15
:30	:30	:30	:30
:45	:45	:45	:45
7	7	7	7
:15	:15	:15	:15
:30	:30	:30	:30
:45	:45	:45	:45
8	8	8	8
:15	:15	:15	:15
:30	:30	:30	:30
:45	:45	:45	:45

Name: Date:	Name: Date:	Name: Date:	Name: Date:
7 :15 :30 :45	7 :15 :30 :45	7 :15 :30 :45	7 :15 :30 :45
8 :15 :30 :45	8 :15 :30 :45	8 :15 :30 :45	8 :15 :30 :45
9 :15 :30 :45	9 :15 :30 :45	9 :15 :30 :45	9 :15 :30 :45
10 :15 :30 :45	10 :15 :30 :45	10 :15 :30 :45	10 :15 :30 :45
11 :15 :30 :45	11 :15 :30 :45	11 :15 :30 :45	11 :15 :30 :45
12 :15 :30 :45	12 :15 :30 :45	12 :15 :30 :45	12 :15 :30 :45
1 :15 :30 :45	1 :15 :30 :45	1 :15 :30 :45	1 :15 :30 :45
2 :15 :30 :45	2 :15 :30 :45	2 :15 :30 :45	2 :15 :30 :45
3 :15 :30 :45	3 :15 :30 :45	3 :15 :30 :45	3 :15 :30 :45
4 :15 :30 :45	4 :15 :30 :45	4 :15 :30 :45	4 :15 :30 :45
5 :15 :30 :45	5 :15 :30 :45	5 :15 :30 :45	5 :15 :30 :45
6 :15 :30 :45	6 :15 :30 :45	6 :15 :30 :45	6 :15 :30 :45
7 :15 :30 :45	7 :15 :30 :45	7 :15 :30 :45	7 :15 :30 :45
8 :15 :30 :45	8 :15 :30 :45	8 :15 :30 :45	8 :15 :30 :45

Name:	Name:	Name:	Name:
Date:	Date:	Date:	Date:
7	7	7	7
:15	:15	:15	:15
:30	:30	:30	:30
:45	:45	:45	:45
8	8	8	8
:15	:15	:15	:15
:30	:30	:30	:30
:45	:45	:45	:45
9	9	9	9
:15	:15	:15	:15
:30	:30	:30	:30
:45	:45	:45	:45
10	10	10	10
:15	:15	:15	:15
:30	:30	:30	:30
:45	:45	:45	:45
11	11	11	11
:15	:15	:15	:15
:30	:30	:30	:30
:45	:45	:45	:45
12	12	12	12
:15	:15	:15	:15
:30	:30	:30	:30
:45	:45	:45	:45
1	1	1	1
:15	:15	:15	:15
:30	:30	:30	:30
:45	:45	:45	:45
2	2	2	2
:15	:15	:15	:15
:30	:30	:30	:30
:45	:45	:45	:45
3	3	3	3
:15	:15	:15	:15
:30	:30	:30	:30
:45	:45	:45	:45
4	4	4	4
:15	:15	:15	:15
:30	:30	:30	:30
:45	:45	:45	:45
5	5	5	5
:15	:15	:15	:15
:30	:30	:30	:30
:45	:45	:45	:45
6	6	6	6
:15	:15	:15	:15
:30	:30	:30	:30
:45	:45	:45	:45
7	7	7	7
:15	:15	:15	:15
:30	:30	:30	:30
:45	:45	:45	:45
8	8	8	8
:15	:15	:15	:15
:30	:30	:30	:30
:45	:45	:45	:45

Name: Date:	Name: Date:	Name: Date:	Name: Date:
7 :15 :30 :45	7 :15 :30 :45	7 :15 :30 :45	7 :15 :30 :45
8 :15 :30 :45	8 :15 :30 :45	8 :15 :30 :45	8 :15 :30 :45
9 :15 :30 :45	9 :15 :30 :45	9 :15 :30 :45	9 :15 :30 :45
10 :15 :30 :45	10 :15 :30 :45	10 :15 :30 :45	10 :15 :30 :45
11 :15 :30 :45	11 :15 :30 :45	11 :15 :30 :45	11 :15 :30 :45
12 :15 :30 :45	12 :15 :30 :45	12 :15 :30 :45	12 :15 :30 :45
1 :15 :30 :45	1 :15 :30 :45	1 :15 :30 :45	1 :15 :30 :45
2 :15 :30 :45	2 :15 :30 :45	2 :15 :30 :45	2 :15 :30 :45
3 :15 :30 :45	3 :15 :30 :45	3 :15 :30 :45	3 :15 :30 :45
4 :15 :30 :45	4 :15 :30 :45	4 :15 :30 :45	4 :15 :30 :45
5 :15 :30 :45	5 :15 :30 :45	5 :15 :30 :45	5 :15 :30 :45
6 :15 :30 :45	6 :15 :30 :45	6 :15 :30 :45	6 :15 :30 :45
7 :15 :30 :45	7 :15 :30 :45	7 :15 :30 :45	7 :15 :30 :45
8 :15 :30 :45	8 :15 :30 :45	8 :15 :30 :45	8 :15 :30 :45

Name:	Name:	Name:	Name:
Date:	Date:	Date:	Date:
7	7	7	7
:15	:15	:15	:15
:30	:30	:30	:30
:45	:45	:45	:45
8	8	8	8
:15	:15	:15	:15
:30	:30	:30	:30
:45	:45	:45	:45
9	9	9	9
:15	:15	:15	:15
:30	:30	:30	:30
:45	:45	:45	:45
10	10	10	10
:15	:15	:15	:15
:30	:30	:30	:30
:45	:45	:45	:45
11	11	11	11
:15	:15	:15	:15
:30	:30	:30	:30
:45	:45	:45	:45
12	12	12	12
:15	:15	:15	:15
:30	:30	:30	:30
:45	:45	:45	:45
1	1	1	1
:15	:15	:15	:15
:30	:30	:30	:30
:45	:45	:45	:45
2	2	2	2
:15	:15	:15	:15
:30	:30	:30	:30
:45	:45	:45	:45
3	3	3	3
:15	:15	:15	:15
:30	:30	:30	:30
:45	:45	:45	:45
4	4	4	4
:15	:15	:15	:15
:30	:30	:30	:30
:45	:45	:45	:45
5	5	5	5
:15	:15	:15	:15
:30	:30	:30	:30
:45	:45	:45	:45
6	6	6	6
:15	:15	:15	:15
:30	:30	:30	:30
:45	:45	:45	:45
7	7	7	7
:15	:15	:15	:15
:30	:30	:30	:30
:45	:45	:45	:45
8	8	8	8
:15	:15	:15	:15
:30	:30	:30	:30
:45	:45	:45	:45

Name:	Name:	Name:	Name:
Date:	Date:	Date:	Date:
7	**7**	**7**	**7**
:15	:15	:15	:15
:30	:30	:30	:30
:45	:45	:45	:45
8	**8**	**8**	**8**
:15	:15	:15	:15
:30	:30	:30	:30
:45	:45	:45	:45
9	**9**	**9**	**9**
:15	:15	:15	:15
:30	:30	:30	:30
:45	:45	:45	:45
10	**10**	**10**	**10**
:15	:15	:15	:15
:30	:30	:30	:30
:45	:45	:45	:45
11	**11**	**11**	**11**
:15	:15	:15	:15
:30	:30	:30	:30
:45	:45	:45	:45
12	**12**	**12**	**12**
:15	:15	:15	:15
:30	:30	:30	:30
:45	:45	:45	:45
1	**1**	**1**	**1**
:15	:15	:15	:15
:30	:30	:30	:30
:45	:45	:45	:45
2	**2**	**2**	**2**
:15	:15	:15	:15
:30	:30	:30	:30
:45	:45	:45	:45
3	**3**	**3**	**3**
:15	:15	:15	:15
:30	:30	:30	:30
:45	:45	:45	:45
4	**4**	**4**	**4**
:15	:15	:15	:15
:30	:30	:30	:30
:45	:45	:45	:45
5	**5**	**5**	**5**
:15	:15	:15	:15
:30	:30	:30	:30
:45	:45	:45	:45
6	**6**	**6**	**6**
:15	:15	:15	:15
:30	:30	:30	:30
:45	:45	:45	:45
7	**7**	**7**	**7**
:15	:15	:15	:15
:30	:30	:30	:30
:45	:45	:45	:45
8	**8**	**8**	**8**
:15	:15	:15	:15
:30	:30	:30	:30
:45	:45	:45	:45

Name:	Name:	Name:	Name:
Date:	Date:	Date:	Date:
7	7	7	7
:15	:15	:15	:15
:30	:30	:30	:30
:45	:45	:45	:45
8	8	8	8
:15	:15	:15	:15
:30	:30	:30	:30
:45	:45	:45	:45
9	9	9	9
:15	:15	:15	:15
:30	:30	:30	:30
:45	:45	:45	:45
10	10	10	10
:15	:15	:15	:15
:30	:30	:30	:30
:45	:45	:45	:45
11	11	11	11
:15	:15	:15	:15
:30	:30	:30	:30
:45	:45	:45	:45
12	12	12	12
:15	:15	:15	:15
:30	:30	:30	:30
:45	:45	:45	:45
1	1	1	1
:15	:15	:15	:15
:30	:30	:30	:30
:45	:45	:45	:45
2	2	2	2
:15	:15	:15	:15
:30	:30	:30	:30
:45	:45	:45	:45
3	3	3	3
:15	:15	:15	:15
:30	:30	:30	:30
:45	:45	:45	:45
4	4	4	4
:15	:15	:15	:15
:30	:30	:30	:30
:45	:45	:45	:45
5	5	5	5
:15	:15	:15	:15
:30	:30	:30	:30
:45	:45	:45	:45
6	6	6	6
:15	:15	:15	:15
:30	:30	:30	:30
:45	:45	:45	:45
7	7	7	7
:15	:15	:15	:15
:30	:30	:30	:30
:45	:45	:45	:45
8	8	8	8
:15	:15	:15	:15
:30	:30	:30	:30
:45	:45	:45	:45

Name:	Name:	Name:	Name:
Date:	Date:	Date:	Date:
7	7	7	7
:15	:15	:15	:15
:30	:30	:30	:30
:45	:45	:45	:45
8	8	8	8
:15	:15	:15	:15
:30	:30	:30	:30
:45	:45	:45	:45
9	9	9	9
:15	:15	:15	:15
:30	:30	:30	:30
:45	:45	:45	:45
10	10	10	10
:15	:15	:15	:15
:30	:30	:30	:30
:45	:45	:45	:45
11	11	11	11
:15	:15	:15	:15
:30	:30	:30	:30
:45	:45	:45	:45
12	12	12	12
:15	:15	:15	:15
:30	:30	:30	:30
:45	:45	:45	:45
1	1	1	1
:15	:15	:15	:15
:30	:30	:30	:30
:45	:45	:45	:45
2	2	2	2
:15	:15	:15	:15
:30	:30	:30	:30
:45	:45	:45	:45
3	3	3	3
:15	:15	:15	:15
:30	:30	:30	:30
:45	:45	:45	:45
4	4	4	4
:15	:15	:15	:15
:30	:30	:30	:30
:45	:45	:45	:45
5	5	5	5
:15	:15	:15	:15
:30	:30	:30	:30
:45	:45	:45	:45
6	6	6	6
:15	:15	:15	:15
:30	:30	:30	:30
:45	:45	:45	:45
7	7	7	7
:15	:15	:15	:15
:30	:30	:30	:30
:45	:45	:45	:45
8	8	8	8
:15	:15	:15	:15
:30	:30	:30	:30
:45	:45	:45	:45

Name:	Name:	Name:	Name:
Date:	Date:	Date:	Date:
7	7	7	7
:15	:15	:15	:15
:30	:30	:30	:30
:45	:45	:45	:45
8	8	8	8
:15	:15	:15	:15
:30	:30	:30	:30
:45	:45	:45	:45
9	9	9	9
:15	:15	:15	:15
:30	:30	:30	:30
:45	:45	:45	:45
10	10	10	10
:15	:15	:15	:15
:30	:30	:30	:30
:45	:45	:45	:45
11	11	11	11
:15	:15	:15	:15
:30	:30	:30	:30
:45	:45	:45	:45
12	12	12	12
:15	:15	:15	:15
:30	:30	:30	:30
:45	:45	:45	:45
1	1	1	1
:15	:15	:15	:15
:30	:30	:30	:30
:45	:45	:45	:45
2	2	2	2
:15	:15	:15	:15
:30	:30	:30	:30
:45	:45	:45	:45
3	3	3	3
:15	:15	:15	:15
:30	:30	:30	:30
:45	:45	:45	:45
4	4	4	4
:15	:15	:15	:15
:30	:30	:30	:30
:45	:45	:45	:45
5	5	5	5
:15	:15	:15	:15
:30	:30	:30	:30
:45	:45	:45	:45
6	6	6	6
:15	:15	:15	:15
:30	:30	:30	:30
:45	:45	:45	:45
7	7	7	7
:15	:15	:15	:15
:30	:30	:30	:30
:45	:45	:45	:45
8	8	8	8
:15	:15	:15	:15
:30	:30	:30	:30
:45	:45	:45	:45

Name: Date:	Name: Date:	Name: Date:	Name: Date:
7 :15 :30 :45	**7** :15 :30 :45	**7** :15 :30 :45	**7** :15 :30 :45
8 :15 :30 :45	**8** :15 :30 :45	**8** :15 :30 :45	**8** :15 :30 :45
9 :15 :30 :45	**9** :15 :30 :45	**9** :15 :30 :45	**9** :15 :30 :45
10 :15 :30 :45	**10** :15 :30 :45	**10** :15 :30 :45	**10** :15 :30 :45
11 :15 :30 :45	**11** :15 :30 :45	**11** :15 :30 :45	**11** :15 :30 :45
12 :15 :30 :45	**12** :15 :30 :45	**12** :15 :30 :45	**12** :15 :30 :45
1 :15 :30 :45	**1** :15 :30 :45	**1** :15 :30 :45	**1** :15 :30 :45
2 :15 :30 :45	**2** :15 :30 :45	**2** :15 :30 :45	**2** :15 :30 :45
3 :15 :30 :45	**3** :15 :30 :45	**3** :15 :30 :45	**3** :15 :30 :45
4 :15 :30 :45	**4** :15 :30 :45	**4** :15 :30 :45	**4** :15 :30 :45
5 :15 :30 :45	**5** :15 :30 :45	**5** :15 :30 :45	**5** :15 :30 :45
6 :15 :30 :45	**6** :15 :30 :45	**6** :15 :30 :45	**6** :15 :30 :45
7 :15 :30 :45	**7** :15 :30 :45	**7** :15 :30 :45	**7** :15 :30 :45
8 :15 :30 :45	**8** :15 :30 :45	**8** :15 :30 :45	**8** :15 :30 :45

Name:	Name:	Name:	Name:
Date:	Date:	Date:	Date:
7	7	7	7
:15	:15	:15	:15
:30	:30	:30	:30
:45	:45	:45	:45
8	8	8	8
:15	:15	:15	:15
:30	:30	:30	:30
:45	:45	:45	:45
9	9	9	9
:15	:15	:15	:15
:30	:30	:30	:30
:45	:45	:45	:45
10	10	10	10
:15	:15	:15	:15
:30	:30	:30	:30
:45	:45	:45	:45
11	11	11	11
:15	:15	:15	:15
:30	:30	:30	:30
:45	:45	:45	:45
12	12	12	12
:15	:15	:15	:15
:30	:30	:30	:30
:45	:45	:45	:45
1	1	1	1
:15	:15	:15	:15
:30	:30	:30	:30
:45	:45	:45	:45
2	2	2	2
:15	:15	:15	:15
:30	:30	:30	:30
:45	:45	:45	:45
3	3	3	3
:15	:15	:15	:15
:30	:30	:30	:30
:45	:45	:45	:45
4	4	4	4
:15	:15	:15	:15
:30	:30	:30	:30
:45	:45	:45	:45
5	5	5	5
:15	:15	:15	:15
:30	:30	:30	:30
:45	:45	:45	:45
6	6	6	6
:15	:15	:15	:15
:30	:30	:30	:30
:45	:45	:45	:45
7	7	7	7
:15	:15	:15	:15
:30	:30	:30	:30
:45	:45	:45	:45
8	8	8	8
:15	:15	:15	:15
:30	:30	:30	:30
:45	:45	:45	:45

Name:	Name:	Name:	Name:
Date:	Date:	Date:	Date:
7	7	7	7
:15	:15	:15	:15
:30	:30	:30	:30
:45	:45	:45	:45
8	8	8	8
:15	:15	:15	:15
:30	:30	:30	:30
:45	:45	:45	:45
9	9	9	9
:15	:15	:15	:15
:30	:30	:30	:30
:45	:45	:45	:45
10	10	10	10
:15	:15	:15	:15
:30	:30	:30	:30
:45	:45	:45	:45
11	11	11	11
:15	:15	:15	:15
:30	:30	:30	:30
:45	:45	:45	:45
12	12	12	12
:15	:15	:15	:15
:30	:30	:30	:30
:45	:45	:45	:45
1	1	1	1
:15	:15	:15	:15
:30	:30	:30	:30
:45	:45	:45	:45
2	2	2	2
:15	:15	:15	:15
:30	:30	:30	:30
:45	:45	:45	:45
3	3	3	3
:15	:15	:15	:15
:30	:30	:30	:30
:45	:45	:45	:45
4	4	4	4
:15	:15	:15	:15
:30	:30	:30	:30
:45	:45	:45	:45
5	5	5	5
:15	:15	:15	:15
:30	:30	:30	:30
:45	:45	:45	:45
6	6	6	6
:15	:15	:15	:15
:30	:30	:30	:30
:45	:45	:45	:45
7	7	7	7
:15	:15	:15	:15
:30	:30	:30	:30
:45	:45	:45	:45
8	8	8	8
:15	:15	:15	:15
:30	:30	:30	:30
:45	:45	:45	:45

Name:	Name:	Name:	Name:
Date:	Date:	Date:	Date:
7	7	7	7
:15	:15	:15	:15
:30	:30	:30	:30
:45	:45	:45	:45
8	8	8	8
:15	:15	:15	:15
:30	:30	:30	:30
:45	:45	:45	:45
9	9	9	9
:15	:15	:15	:15
:30	:30	:30	:30
:45	:45	:45	:45
10	10	10	10
:15	:15	:15	:15
:30	:30	:30	:30
:45	:45	:45	:45
11	11	11	11
:15	:15	:15	:15
:30	:30	:30	:30
:45	:45	:45	:45
12	12	12	12
:15	:15	:15	:15
:30	:30	:30	:30
:45	:45	:45	:45
1	1	1	1
:15	:15	:15	:15
:30	:30	:30	:30
:45	:45	:45	:45
2	2	2	2
:15	:15	:15	:15
:30	:30	:30	:30
:45	:45	:45	:45
3	3	3	3
:15	:15	:15	:15
:30	:30	:30	:30
:45	:45	:45	:45
4	4	4	4
:15	:15	:15	:15
:30	:30	:30	:30
:45	:45	:45	:45
5	5	5	5
:15	:15	:15	:15
:30	:30	:30	:30
:45	:45	:45	:45
6	6	6	6
:15	:15	:15	:15
:30	:30	:30	:30
:45	:45	:45	:45
7	7	7	7
:15	:15	:15	:15
:30	:30	:30	:30
:45	:45	:45	:45
8	8	8	8
:15	:15	:15	:15
:30	:30	:30	:30
:45	:45	:45	:45

Name:	Name:	Name:	Name:
Date:	Date:	Date:	Date:
7	7	7	7
:15	:15	:15	:15
:30	:30	:30	:30
:45	:45	:45	:45
8	8	8	8
:15	:15	:15	:15
:30	:30	:30	:30
:45	:45	:45	:45
9	9	9	9
:15	:15	:15	:15
:30	:30	:30	:30
:45	:45	:45	:45
10	10	10	10
:15	:15	:15	:15
:30	:30	:30	:30
:45	:45	:45	:45
11	11	11	11
:15	:15	:15	:15
:30	:30	:30	:30
:45	:45	:45	:45
12	12	12	12
:15	:15	:15	:15
:30	:30	:30	:30
:45	:45	:45	:45
1	1	1	1
:15	:15	:15	:15
:30	:30	:30	:30
:45	:45	:45	:45
2	2	2	2
:15	:15	:15	:15
:30	:30	:30	:30
:45	:45	:45	:45
3	3	3	3
:15	:15	:15	:15
:30	:30	:30	:30
:45	:45	:45	:45
4	4	4	4
:15	:15	:15	:15
:30	:30	:30	:30
:45	:45	:45	:45
5	5	5	5
:15	:15	:15	:15
:30	:30	:30	:30
:45	:45	:45	:45
6	6	6	6
:15	:15	:15	:15
:30	:30	:30	:30
:45	:45	:45	:45
7	7	7	7
:15	:15	:15	:15
:30	:30	:30	:30
:45	:45	:45	:45
8	8	8	8
:15	:15	:15	:15
:30	:30	:30	:30
:45	:45	:45	:45

Name:	Name:	Name:	Name:
Date:	Date:	Date:	Date:

7	7	7	7
:15	:15	:15	:15
:30	:30	:30	:30
:45	:45	:45	:45
8	8	8	8
:15	:15	:15	:15
:30	:30	:30	:30
:45	:45	:45	:45
9	9	9	9
:15	:15	:15	:15
:30	:30	:30	:30
:45	:45	:45	:45
10	10	10	10
:15	:15	:15	:15
:30	:30	:30	:30
:45	:45	:45	:45
11	11	11	11
:15	:15	:15	:15
:30	:30	:30	:30
:45	:45	:45	:45
12	12	12	12
:15	:15	:15	:15
:30	:30	:30	:30
:45	:45	:45	:45
1	1	1	1
:15	:15	:15	:15
:30	:30	:30	:30
:45	:45	:45	:45
2	2	2	2
:15	:15	:15	:15
:30	:30	:30	:30
:45	:45	:45	:45
3	3	3	3
:15	:15	:15	:15
:30	:30	:30	:30
:45	:45	:45	:45
4	4	4	4
:15	:15	:15	:15
:30	:30	:30	:30
:45	:45	:45	:45
5	5	5	5
:15	:15	:15	:15
:30	:30	:30	:30
:45	:45	:45	:45
6	6	6	6
:15	:15	:15	:15
:30	:30	:30	:30
:45	:45	:45	:45
7	7	7	7
:15	:15	:15	:15
:30	:30	:30	:30
:45	:45	:45	:45
8	8	8	8
:15	:15	:15	:15
:30	:30	:30	:30
:45	:45	:45	:45

Name:	Name:	Name:	Name:
Date:	Date:	Date:	Date:
7	7	7	7
:15	:15	:15	:15
:30	:30	:30	:30
:45	:45	:45	:45
8	8	8	8
:15	:15	:15	:15
:30	:30	:30	:30
:45	:45	:45	:45
9	9	9	9
:15	:15	:15	:15
:30	:30	:30	:30
:45	:45	:45	:45
10	10	10	10
:15	:15	:15	:15
:30	:30	:30	:30
:45	:45	:45	:45
11	11	11	11
:15	:15	:15	:15
:30	:30	:30	:30
:45	:45	:45	:45
12	12	12	12
:15	:15	:15	:15
:30	:30	:30	:30
:45	:45	:45	:45
1	1	1	1
:15	:15	:15	:15
:30	:30	:30	:30
:45	:45	:45	:45
2	2	2	2
:15	:15	:15	:15
:30	:30	:30	:30
:45	:45	:45	:45
3	3	3	3
:15	:15	:15	:15
:30	:30	:30	:30
:45	:45	:45	:45
4	4	4	4
:15	:15	:15	:15
:30	:30	:30	:30
:45	:45	:45	:45
5	5	5	5
:15	:15	:15	:15
:30	:30	:30	:30
:45	:45	:45	:45
6	6	6	6
:15	:15	:15	:15
:30	:30	:30	:30
:45	:45	:45	:45
7	7	7	7
:15	:15	:15	:15
:30	:30	:30	:30
:45	:45	:45	:45
8	8	8	8
:15	:15	:15	:15
:30	:30	:30	:30
:45	:45	:45	:45

Name:	**Name:**	**Name:**	**Name:**
Date:	**Date:**	**Date:**	**Date:**
7	**7**	**7**	**7**
:15	:15	:15	:15
:30	:30	:30	:30
:45	:45	:45	:45
8	**8**	**8**	**8**
:15	:15	:15	:15
:30	:30	:30	:30
:45	:45	:45	:45
9	**9**	**9**	**9**
:15	:15	:15	:15
:30	:30	:30	:30
:45	:45	:45	:45
10	**10**	**10**	**10**
:15	:15	:15	:15
:30	:30	:30	:30
:45	:45	:45	:45
11	**11**	**11**	**11**
:15	:15	:15	:15
:30	:30	:30	:30
:45	:45	:45	:45
12	**12**	**12**	**12**
:15	:15	:15	:15
:30	:30	:30	:30
:45	:45	:45	:45
1	**1**	**1**	**1**
:15	:15	:15	:15
:30	:30	:30	:30
:45	:45	:45	:45
2	**2**	**2**	**2**
:15	:15	:15	:15
:30	:30	:30	:30
:45	:45	:45	:45
3	**3**	**3**	**3**
:15	:15	:15	:15
:30	:30	:30	:30
:45	:45	:45	:45
4	**4**	**4**	**4**
:15	:15	:15	:15
:30	:30	:30	:30
:45	:45	:45	:45
5	**5**	**5**	**5**
:15	:15	:15	:15
:30	:30	:30	:30
:45	:45	:45	:45
6	**6**	**6**	**6**
:15	:15	:15	:15
:30	:30	:30	:30
:45	:45	:45	:45
7	**7**	**7**	**7**
:15	:15	:15	:15
:30	:30	:30	:30
:45	:45	:45	:45
8	**8**	**8**	**8**
:15	:15	:15	:15
:30	:30	:30	:30
:45	:45	:45	:45

Name:	Name:	Name:	Name:
Date:	Date:	Date:	Date:
7	7	7	7
:15	:15	:15	:15
:30	:30	:30	:30
:45	:45	:45	:45
8	8	8	8
:15	:15	:15	:15
:30	:30	:30	:30
:45	:45	:45	:45
9	9	9	9
:15	:15	:15	:15
:30	:30	:30	:30
:45	:45	:45	:45
10	10	10	10
:15	:15	:15	:15
:30	:30	:30	:30
:45	:45	:45	:45
11	11	11	11
:15	:15	:15	:15
:30	:30	:30	:30
:45	:45	:45	:45
12	12	12	12
:15	:15	:15	:15
:30	:30	:30	:30
:45	:45	:45	:45
1	1	1	1
:15	:15	:15	:15
:30	:30	:30	:30
:45	:45	:45	:45
2	2	2	2
:15	:15	:15	:15
:30	:30	:30	:30
:45	:45	:45	:45
3	3	3	3
:15	:15	:15	:15
:30	:30	:30	:30
:45	:45	:45	:45
4	4	4	4
:15	:15	:15	:15
:30	:30	:30	:30
:45	:45	:45	:45
5	5	5	5
:15	:15	:15	:15
:30	:30	:30	:30
:45	:45	:45	:45
6	6	6	6
:15	:15	:15	:15
:30	:30	:30	:30
:45	:45	:45	:45
7	7	7	7
:15	:15	:15	:15
:30	:30	:30	:30
:45	:45	:45	:45
8	8	8	8
:15	:15	:15	:15
:30	:30	:30	:30
:45	:45	:45	:45

Name:	Name:	Name:	Name:
Date:	Date:	Date:	Date:
7	7	7	7
:15	:15	:15	:15
:30	:30	:30	:30
:45	:45	:45	:45
8	8	8	8
:15	:15	:15	:15
:30	:30	:30	:30
:45	:45	:45	:45
9	9	9	9
:15	:15	:15	:15
:30	:30	:30	:30
:45	:45	:45	:45
10	10	10	10
:15	:15	:15	:15
:30	:30	:30	:30
:45	:45	:45	:45
11	11	11	11
:15	:15	:15	:15
:30	:30	:30	:30
:45	:45	:45	:45
12	12	12	12
:15	:15	:15	:15
:30	:30	:30	:30
:45	:45	:45	:45
1	1	1	1
:15	:15	:15	:15
:30	:30	:30	:30
:45	:45	:45	:45
2	2	2	2
:15	:15	:15	:15
:30	:30	:30	:30
:45	:45	:45	:45
3	3	3	3
:15	:15	:15	:15
:30	:30	:30	:30
:45	:45	:45	:45
4	4	4	4
:15	:15	:15	:15
:30	:30	:30	:30
:45	:45	:45	:45
5	5	5	5
:15	:15	:15	:15
:30	:30	:30	:30
:45	:45	:45	:45
6	6	6	6
:15	:15	:15	:15
:30	:30	:30	:30
:45	:45	:45	:45
7	7	7	7
:15	:15	:15	:15
:30	:30	:30	:30
:45	:45	:45	:45
8	8	8	8
:15	:15	:15	:15
:30	:30	:30	:30
:45	:45	:45	:45

Name: Date:	Name: Date:	Name: Date:	Name: Date:
7 :15 :30 :45	7 :15 :30 :45	7 :15 :30 :45	7 :15 :30 :45
8 :15 :30 :45	8 :15 :30 :45	8 :15 :30 :45	8 :15 :30 :45
9 :15 :30 :45	9 :15 :30 :45	9 :15 :30 :45	9 :15 :30 :45
10 :15 :30 :45	10 :15 :30 :45	10 :15 :30 :45	10 :15 :30 :45
11 :15 :30 :45	11 :15 :30 :45	11 :15 :30 :45	11 :15 :30 :45
12 :15 :30 :45	12 :15 :30 :45	12 :15 :30 :45	12 :15 :30 :45
1 :15 :30 :45	1 :15 :30 :45	1 :15 :30 :45	1 :15 :30 :45
2 :15 :30 :45	2 :15 :30 :45	2 :15 :30 :45	2 :15 :30 :45
3 :15 :30 :45	3 :15 :30 :45	3 :15 :30 :45	3 :15 :30 :45
4 :15 :30 :45	4 :15 :30 :45	4 :15 :30 :45	4 :15 :30 :45
5 :15 :30 :45	5 :15 :30 :45	5 :15 :30 :45	5 :15 :30 :45
6 :15 :30 :45	6 :15 :30 :45	6 :15 :30 :45	6 :15 :30 :45
7 :15 :30 :45	7 :15 :30 :45	7 :15 :30 :45	7 :15 :30 :45
8 :15 :30 :45	8 :15 :30 :45	8 :15 :30 :45	8 :15 :30 :45

Name:	Name:	Name:	Name:
Date:	Date:	Date:	Date:
7	7	7	7
:15	:15	:15	:15
:30	:30	:30	:30
:45	:45	:45	:45
8	8	8	8
:15	:15	:15	:15
:30	:30	:30	:30
:45	:45	:45	:45
9	9	9	9
:15	:15	:15	:15
:30	:30	:30	:30
:45	:45	:45	:45
10	10	10	10
:15	:15	:15	:15
:30	:30	:30	:30
:45	:45	:45	:45
11	11	11	11
:15	:15	:15	:15
:30	:30	:30	:30
:45	:45	:45	:45
12	12	12	12
:15	:15	:15	:15
:30	:30	:30	:30
:45	:45	:45	:45
1	1	1	1
:15	:15	:15	:15
:30	:30	:30	:30
:45	:45	:45	:45
2	2	2	2
:15	:15	:15	:15
:30	:30	:30	:30
:45	:45	:45	:45
3	3	3	3
:15	:15	:15	:15
:30	:30	:30	:30
:45	:45	:45	:45
4	4	4	4
:15	:15	:15	:15
:30	:30	:30	:30
:45	:45	:45	:45
5	5	5	5
:15	:15	:15	:15
:30	:30	:30	:30
:45	:45	:45	:45
6	6	6	6
:15	:15	:15	:15
:30	:30	:30	:30
:45	:45	:45	:45
7	7	7	7
:15	:15	:15	:15
:30	:30	:30	:30
:45	:45	:45	:45
8	8	8	8
:15	:15	:15	:15
:30	:30	:30	:30
:45	:45	:45	:45

Name: Date:	Name: Date:	Name: Date:	Name: Date:
7 :15 :30 :45	7 :15 :30 :45	7 :15 :30 :45	7 :15 :30 :45
8 :15 :30 :45	8 :15 :30 :45	8 :15 :30 :45	8 :15 :30 :45
9 :15 :30 :45	9 :15 :30 :45	9 :15 :30 :45	9 :15 :30 :45
10 :15 :30 :45	10 :15 :30 :45	10 :15 :30 :45	10 :15 :30 :45
11 :15 :30 :45	11 :15 :30 :45	11 :15 :30 :45	11 :15 :30 :45
12 :15 :30 :45	12 :15 :30 :45	12 :15 :30 :45	12 :15 :30 :45
1 :15 :30 :45	1 :15 :30 :45	1 :15 :30 :45	1 :15 :30 :45
2 :15 :30 :45	2 :15 :30 :45	2 :15 :30 :45	2 :15 :30 :45
3 :15 :30 :45	3 :15 :30 :45	3 :15 :30 :45	3 :15 :30 :45
4 :15 :30 :45	4 :15 :30 :45	4 :15 :30 :45	4 :15 :30 :45
5 :15 :30 :45	5 :15 :30 :45	5 :15 :30 :45	5 :15 :30 :45
6 :15 :30 :45	6 :15 :30 :45	6 :15 :30 :45	6 :15 :30 :45
7 :15 :30 :45	7 :15 :30 :45	7 :15 :30 :45	7 :15 :30 :45
8 :15 :30 :45	8 :15 :30 :45	8 :15 :30 :45	8 :15 :30 :45

Name:	Name:	Name:	Name:
Date:	Date:	Date:	Date:
7	7	7	7
:15	:15	:15	:15
:30	:30	:30	:30
:45	:45	:45	:45
8	8	8	8
:15	:15	:15	:15
:30	:30	:30	:30
:45	:45	:45	:45
9	9	9	9
:15	:15	:15	:15
:30	:30	:30	:30
:45	:45	:45	:45
10	10	10	10
:15	:15	:15	:15
:30	:30	:30	:30
:45	:45	:45	:45
11	11	11	11
:15	:15	:15	:15
:30	:30	:30	:30
:45	:45	:45	:45
12	12	12	12
:15	:15	:15	:15
:30	:30	:30	:30
:45	:45	:45	:45
1	1	1	1
:15	:15	:15	:15
:30	:30	:30	:30
:45	:45	:45	:45
2	2	2	2
:15	:15	:15	:15
:30	:30	:30	:30
:45	:45	:45	:45
3	3	3	3
:15	:15	:15	:15
:30	:30	:30	:30
:45	:45	:45	:45
4	4	4	4
:15	:15	:15	:15
:30	:30	:30	:30
:45	:45	:45	:45
5	5	5	5
:15	:15	:15	:15
:30	:30	:30	:30
:45	:45	:45	:45
6	6	6	6
:15	:15	:15	:15
:30	:30	:30	:30
:45	:45	:45	:45
7	7	7	7
:15	:15	:15	:15
:30	:30	:30	:30
:45	:45	:45	:45
8	8	8	8
:15	:15	:15	:15
:30	:30	:30	:30
:45	:45	:45	:45

Name:	Name:	Name:	Name:
Date:	Date:	Date:	Date:
7	7	7	7
:15	:15	:15	:15
:30	:30	:30	:30
:45	:45	:45	:45
8	8	8	8
:15	:15	:15	:15
:30	:30	:30	:30
:45	:45	:45	:45
9	9	9	9
:15	:15	:15	:15
:30	:30	:30	:30
:45	:45	:45	:45
10	10	10	10
:15	:15	:15	:15
:30	:30	:30	:30
:45	:45	:45	:45
11	11	11	11
:15	:15	:15	:15
:30	:30	:30	:30
:45	:45	:45	:45
12	12	12	12
:15	:15	:15	:15
:30	:30	:30	:30
:45	:45	:45	:45
1	1	1	1
:15	:15	:15	:15
:30	:30	:30	:30
:45	:45	:45	:45
2	2	2	2
:15	:15	:15	:15
:30	:30	:30	:30
:45	:45	:45	:45
3	3	3	3
:15	:15	:15	:15
:30	:30	:30	:30
:45	:45	:45	:45
4	4	4	4
:15	:15	:15	:15
:30	:30	:30	:30
:45	:45	:45	:45
5	5	5	5
:15	:15	:15	:15
:30	:30	:30	:30
:45	:45	:45	:45
6	6	6	6
:15	:15	:15	:15
:30	:30	:30	:30
:45	:45	:45	:45
7	7	7	7
:15	:15	:15	:15
:30	:30	:30	:30
:45	:45	:45	:45
8	8	8	8
:15	:15	:15	:15
:30	:30	:30	:30
:45	:45	:45	:45

Name:	Name:	Name:	Name:
Date:	Date:	Date:	Date:
7	7	7	7
:15	:15	:15	:15
:30	:30	:30	:30
:45	:45	:45	:45
8	8	8	8
:15	:15	:15	:15
:30	:30	:30	:30
:45	:45	:45	:45
9	9	9	9
:15	:15	:15	:15
:30	:30	:30	:30
:45	:45	:45	:45
10	10	10	10
:15	:15	:15	:15
:30	:30	:30	:30
:45	:45	:45	:45
11	11	11	11
:15	:15	:15	:15
:30	:30	:30	:30
:45	:45	:45	:45
12	12	12	12
:15	:15	:15	:15
:30	:30	:30	:30
:45	:45	:45	:45
1	1	1	1
:15	:15	:15	:15
:30	:30	:30	:30
:45	:45	:45	:45
2	2	2	2
:15	:15	:15	:15
:30	:30	:30	:30
:45	:45	:45	:45
3	3	3	3
:15	:15	:15	:15
:30	:30	:30	:30
:45	:45	:45	:45
4	4	4	4
:15	:15	:15	:15
:30	:30	:30	:30
:45	:45	:45	:45
5	5	5	5
:15	:15	:15	:15
:30	:30	:30	:30
:45	:45	:45	:45
6	6	6	6
:15	:15	:15	:15
:30	:30	:30	:30
:45	:45	:45	:45
7	7	7	7
:15	:15	:15	:15
:30	:30	:30	:30
:45	:45	:45	:45
8	8	8	8
:15	:15	:15	:15
:30	:30	:30	:30
:45	:45	:45	:45

Name:	Name:	Name:	Name:
Date:	Date:	Date:	Date:
7	7	7	7
:15	:15	:15	:15
:30	:30	:30	:30
:45	:45	:45	:45
8	8	8	8
:15	:15	:15	:15
:30	:30	:30	:30
:45	:45	:45	:45
9	9	9	9
:15	:15	:15	:15
:30	:30	:30	:30
:45	:45	:45	:45
10	10	10	10
:15	:15	:15	:15
:30	:30	:30	:30
:45	:45	:45	:45
11	11	11	11
:15	:15	:15	:15
:30	:30	:30	:30
:45	:45	:45	:45
12	12	12	12
:15	:15	:15	:15
:30	:30	:30	:30
:45	:45	:45	:45
1	1	1	1
:15	:15	:15	:15
:30	:30	:30	:30
:45	:45	:45	:45
2	2	2	2
:15	:15	:15	:15
:30	:30	:30	:30
:45	:45	:45	:45
3	3	3	3
:15	:15	:15	:15
:30	:30	:30	:30
:45	:45	:45	:45
4	4	4	4
:15	:15	:15	:15
:30	:30	:30	:30
:45	:45	:45	:45
5	5	5	5
:15	:15	:15	:15
:30	:30	:30	:30
:45	:45	:45	:45
6	6	6	6
:15	:15	:15	:15
:30	:30	:30	:30
:45	:45	:45	:45
7	7	7	7
:15	:15	:15	:15
:30	:30	:30	:30
:45	:45	:45	:45
8	8	8	8
:15	:15	:15	:15
:30	:30	:30	:30
:45	:45	:45	:45

Name:	Name:	Name:	Name:
Date:	Date:	Date:	Date:
7	7	7	7
:15	:15	:15	:15
:30	:30	:30	:30
:45	:45	:45	:45
8	8	8	8
:15	:15	:15	:15
:30	:30	:30	:30
:45	:45	:45	:45
9	9	9	9
:15	:15	:15	:15
:30	:30	:30	:30
:45	:45	:45	:45
10	10	10	10
:15	:15	:15	:15
:30	:30	:30	:30
:45	:45	:45	:45
11	11	11	11
:15	:15	:15	:15
:30	:30	:30	:30
:45	:45	:45	:45
12	12	12	12
:15	:15	:15	:15
:30	:30	:30	:30
:45	:45	:45	:45
1	1	1	1
:15	:15	:15	:15
:30	:30	:30	:30
:45	:45	:45	:45
2	2	2	2
:15	:15	:15	:15
:30	:30	:30	:30
:45	:45	:45	:45
3	3	3	3
:15	:15	:15	:15
:30	:30	:30	:30
:45	:45	:45	:45
4	4	4	4
:15	:15	:15	:15
:30	:30	:30	:30
:45	:45	:45	:45
5	5	5	5
:15	:15	:15	:15
:30	:30	:30	:30
:45	:45	:45	:45
6	6	6	6
:15	:15	:15	:15
:30	:30	:30	:30
:45	:45	:45	:45
7	7	7	7
:15	:15	:15	:15
:30	:30	:30	:30
:45	:45	:45	:45
8	8	8	8
:15	:15	:15	:15
:30	:30	:30	:30
:45	:45	:45	:45

Name:	Name:	Name:	Name:
Date:	Date:	Date:	Date:
7	7	7	7
:15	:15	:15	:15
:30	:30	:30	:30
:45	:45	:45	:45
8	8	8	8
:15	:15	:15	:15
:30	:30	:30	:30
:45	:45	:45	:45
9	9	9	9
:15	:15	:15	:15
:30	:30	:30	:30
:45	:45	:45	:45
10	10	10	10
:15	:15	:15	:15
:30	:30	:30	:30
:45	:45	:45	:45
11	11	11	11
:15	:15	:15	:15
:30	:30	:30	:30
:45	:45	:45	:45
12	12	12	12
:15	:15	:15	:15
:30	:30	:30	:30
:45	:45	:45	:45
1	1	1	1
:15	:15	:15	:15
:30	:30	:30	:30
:45	:45	:45	:45
2	2	2	2
:15	:15	:15	:15
:30	:30	:30	:30
:45	:45	:45	:45
3	3	3	3
:15	:15	:15	:15
:30	:30	:30	:30
:45	:45	:45	:45
4	4	4	4
:15	:15	:15	:15
:30	:30	:30	:30
:45	:45	:45	:45
5	5	5	5
:15	:15	:15	:15
:30	:30	:30	:30
:45	:45	:45	:45
6	6	6	6
:15	:15	:15	:15
:30	:30	:30	:30
:45	:45	:45	:45
7	7	7	7
:15	:15	:15	:15
:30	:30	:30	:30
:45	:45	:45	:45
8	8	8	8
:15	:15	:15	:15
:30	:30	:30	:30
:45	:45	:45	:45

Name: Date:	Name: Date:	Name: Date:	Name: Date:
7 :15 :30 :45	7 :15 :30 :45	7 :15 :30 :45	7 :15 :30 :45
8 :15 :30 :45	8 :15 :30 :45	8 :15 :30 :45	8 :15 :30 :45
9 :15 :30 :45	9 :15 :30 :45	9 :15 :30 :45	9 :15 :30 :45
10 :15 :30 :45	10 :15 :30 :45	10 :15 :30 :45	10 :15 :30 :45
11 :15 :30 :45	11 :15 :30 :45	11 :15 :30 :45	11 :15 :30 :45
12 :15 :30 :45	12 :15 :30 :45	12 :15 :30 :45	12 :15 :30 :45
1 :15 :30 :45	1 :15 :30 :45	1 :15 :30 :45	1 :15 :30 :45
2 :15 :30 :45	2 :15 :30 :45	2 :15 :30 :45	2 :15 :30 :45
3 :15 :30 :45	3 :15 :30 :45	3 :15 :30 :45	3 :15 :30 :45
4 :15 :30 :45	4 :15 :30 :45	4 :15 :30 :45	4 :15 :30 :45
5 :15 :30 :45	5 :15 :30 :45	5 :15 :30 :45	5 :15 :30 :45
6 :15 :30 :45	6 :15 :30 :45	6 :15 :30 :45	6 :15 :30 :45
7 :15 :30 :45	7 :15 :30 :45	7 :15 :30 :45	7 :15 :30 :45
8 :15 :30 :45	8 :15 :30 :45	8 :15 :30 :45	8 :15 :30 :45

Name:	Name:	Name:	Name:
Date:	Date:	Date:	Date:
7	7	7	7
:15	:15	:15	:15
:30	:30	:30	:30
:45	:45	:45	:45
8	8	8	8
:15	:15	:15	:15
:30	:30	:30	:30
:45	:45	:45	:45
9	9	9	9
:15	:15	:15	:15
:30	:30	:30	:30
:45	:45	:45	:45
10	10	10	10
:15	:15	:15	:15
:30	:30	:30	:30
:45	:45	:45	:45
11	11	11	11
:15	:15	:15	:15
:30	:30	:30	:30
:45	:45	:45	:45
12	12	12	12
:15	:15	:15	:15
:30	:30	:30	:30
:45	:45	:45	:45
1	1	1	1
:15	:15	:15	:15
:30	:30	:30	:30
:45	:45	:45	:45
2	2	2	2
:15	:15	:15	:15
:30	:30	:30	:30
:45	:45	:45	:45
3	3	3	3
:15	:15	:15	:15
:30	:30	:30	:30
:45	:45	:45	:45
4	4	4	4
:15	:15	:15	:15
:30	:30	:30	:30
:45	:45	:45	:45
5	5	5	5
:15	:15	:15	:15
:30	:30	:30	:30
:45	:45	:45	:45
6	6	6	6
:15	:15	:15	:15
:30	:30	:30	:30
:45	:45	:45	:45
7	7	7	7
:15	:15	:15	:15
:30	:30	:30	:30
:45	:45	:45	:45
8	8	8	8
:15	:15	:15	:15
:30	:30	:30	:30
:45	:45	:45	:45

Name:	Name:	Name:	Name:
Date:	Date:	Date:	Date:
7	7	7	7
:15	:15	:15	:15
:30	:30	:30	:30
:45	:45	:45	:45
8	8	8	8
:15	:15	:15	:15
:30	:30	:30	:30
:45	:45	:45	:45
9	9	9	9
:15	:15	:15	:15
:30	:30	:30	:30
:45	:45	:45	:45
10	10	10	10
:15	:15	:15	:15
:30	:30	:30	:30
:45	:45	:45	:45
11	11	11	11
:15	:15	:15	:15
:30	:30	:30	:30
:45	:45	:45	:45
12	12	12	12
:15	:15	:15	:15
:30	:30	:30	:30
:45	:45	:45	:45
1	1	1	1
:15	:15	:15	:15
:30	:30	:30	:30
:45	:45	:45	:45
2	2	2	2
:15	:15	:15	:15
:30	:30	:30	:30
:45	:45	:45	:45
3	3	3	3
:15	:15	:15	:15
:30	:30	:30	:30
:45	:45	:45	:45
4	4	4	4
:15	:15	:15	:15
:30	:30	:30	:30
:45	:45	:45	:45
5	5	5	5
:15	:15	:15	:15
:30	:30	:30	:30
:45	:45	:45	:45
6	6	6	6
:15	:15	:15	:15
:30	:30	:30	:30
:45	:45	:45	:45
7	7	7	7
:15	:15	:15	:15
:30	:30	:30	:30
:45	:45	:45	:45
8	8	8	8
:15	:15	:15	:15
:30	:30	:30	:30
:45	:45	:45	:45

Name: Date:	Name: Date:	Name: Date:	Name: Date:
7 :15 :30 :45	7 :15 :30 :45	7 :15 :30 :45	7 :15 :30 :45
8 :15 :30 :45	8 :15 :30 :45	8 :15 :30 :45	8 :15 :30 :45
9 :15 :30 :45	9 :15 :30 :45	9 :15 :30 :45	9 :15 :30 :45
10 :15 :30 :45	10 :15 :30 :45	10 :15 :30 :45	10 :15 :30 :45
11 :15 :30 :45	11 :15 :30 :45	11 :15 :30 :45	11 :15 :30 :45
12 :15 :30 :45	12 :15 :30 :45	12 :15 :30 :45	12 :15 :30 :45
1 :15 :30 :45	1 :15 :30 :45	1 :15 :30 :45	1 :15 :30 :45
2 :15 :30 :45	2 :15 :30 :45	2 :15 :30 :45	2 :15 :30 :45
3 :15 :30 :45	3 :15 :30 :45	3 :15 :30 :45	3 :15 :30 :45
4 :15 :30 :45	4 :15 :30 :45	4 :15 :30 :45	4 :15 :30 :45
5 :15 :30 :45	5 :15 :30 :45	5 :15 :30 :45	5 :15 :30 :45
6 :15 :30 :45	6 :15 :30 :45	6 :15 :30 :45	6 :15 :30 :45
7 :15 :30 :45	7 :15 :30 :45	7 :15 :30 :45	7 :15 :30 :45
8 :15 :30 :45	8 :15 :30 :45	8 :15 :30 :45	8 :15 :30 :45

Name:	Name:	Name:	Name:
Date:	Date:	Date:	Date:
7	7	7	7
:15	:15	:15	:15
:30	:30	:30	:30
:45	:45	:45	:45
8	8	8	8
:15	:15	:15	:15
:30	:30	:30	:30
:45	:45	:45	:45
9	9	9	9
:15	:15	:15	:15
:30	:30	:30	:30
:45	:45	:45	:45
10	10	10	10
:15	:15	:15	:15
:30	:30	:30	:30
:45	:45	:45	:45
11	11	11	11
:15	:15	:15	:15
:30	:30	:30	:30
:45	:45	:45	:45
12	12	12	12
:15	:15	:15	:15
:30	:30	:30	:30
:45	:45	:45	:45
1	1	1	1
:15	:15	:15	:15
:30	:30	:30	:30
:45	:45	:45	:45
2	2	2	2
:15	:15	:15	:15
:30	:30	:30	:30
:45	:45	:45	:45
3	3	3	3
:15	:15	:15	:15
:30	:30	:30	:30
:45	:45	:45	:45
4	4	4	4
:15	:15	:15	:15
:30	:30	:30	:30
:45	:45	:45	:45
5	5	5	5
:15	:15	:15	:15
:30	:30	:30	:30
:45	:45	:45	:45
6	6	6	6
:15	:15	:15	:15
:30	:30	:30	:30
:45	:45	:45	:45
7	7	7	7
:15	:15	:15	:15
:30	:30	:30	:30
:45	:45	:45	:45
8	8	8	8
:15	:15	:15	:15
:30	:30	:30	:30
:45	:45	:45	:45

Name:	Name:	Name:	Name:
Date:	Date:	Date:	Date:
7	7	7	7
:15	:15	:15	:15
:30	:30	:30	:30
:45	:45	:45	:45
8	8	8	8
:15	:15	:15	:15
:30	:30	:30	:30
:45	:45	:45	:45
9	9	9	9
:15	:15	:15	:15
:30	:30	:30	:30
:45	:45	:45	:45
10	10	10	10
:15	:15	:15	:15
:30	:30	:30	:30
:45	:45	:45	:45
11	11	11	11
:15	:15	:15	:15
:30	:30	:30	:30
:45	:45	:45	:45
12	12	12	12
:15	:15	:15	:15
:30	:30	:30	:30
:45	:45	:45	:45
1	1	1	1
:15	:15	:15	:15
:30	:30	:30	:30
:45	:45	:45	:45
2	2	2	2
:15	:15	:15	:15
:30	:30	:30	:30
:45	:45	:45	:45
3	3	3	3
:15	:15	:15	:15
:30	:30	:30	:30
:45	:45	:45	:45
4	4	4	4
:15	:15	:15	:15
:30	:30	:30	:30
:45	:45	:45	:45
5	5	5	5
:15	:15	:15	:15
:30	:30	:30	:30
:45	:45	:45	:45
6	6	6	6
:15	:15	:15	:15
:30	:30	:30	:30
:45	:45	:45	:45
7	7	7	7
:15	:15	:15	:15
:30	:30	:30	:30
:45	:45	:45	:45
8	8	8	8
:15	:15	:15	:15
:30	:30	:30	:30
:45	:45	:45	:45

Name:	Name:	Name:	Name:
Date:	Date:	Date:	Date:
7	7	7	7
:15	:15	:15	:15
:30	:30	:30	:30
:45	:45	:45	:45
8	8	8	8
:15	:15	:15	:15
:30	:30	:30	:30
:45	:45	:45	:45
9	9	9	9
:15	:15	:15	:15
:30	:30	:30	:30
:45	:45	:45	:45
10	10	10	10
:15	:15	:15	:15
:30	:30	:30	:30
:45	:45	:45	:45
11	11	11	11
:15	:15	:15	:15
:30	:30	:30	:30
:45	:45	:45	:45
12	12	12	12
:15	:15	:15	:15
:30	:30	:30	:30
:45	:45	:45	:45
1	1	1	1
:15	:15	:15	:15
:30	:30	:30	:30
:45	:45	:45	:45
2	2	2	2
:15	:15	:15	:15
:30	:30	:30	:30
:45	:45	:45	:45
3	3	3	3
:15	:15	:15	:15
:30	:30	:30	:30
:45	:45	:45	:45
4	4	4	4
:15	:15	:15	:15
:30	:30	:30	:30
:45	:45	:45	:45
5	5	5	5
:15	:15	:15	:15
:30	:30	:30	:30
:45	:45	:45	:45
6	6	6	6
:15	:15	:15	:15
:30	:30	:30	:30
:45	:45	:45	:45
7	7	7	7
:15	:15	:15	:15
:30	:30	:30	:30
:45	:45	:45	:45
8	8	8	8
:15	:15	:15	:15
:30	:30	:30	:30
:45	:45	:45	:45

Name:	Name:	Name:	Name:
Date:	Date:	Date:	Date:
7	7	7	7
:15	:15	:15	:15
:30	:30	:30	:30
:45	:45	:45	:45
8	8	8	8
:15	:15	:15	:15
:30	:30	:30	:30
:45	:45	:45	:45
9	9	9	9
:15	:15	:15	:15
:30	:30	:30	:30
:45	:45	:45	:45
10	10	10	10
:15	:15	:15	:15
:30	:30	:30	:30
:45	:45	:45	:45
11	11	11	11
:15	:15	:15	:15
:30	:30	:30	:30
:45	:45	:45	:45
12	12	12	12
:15	:15	:15	:15
:30	:30	:30	:30
:45	:45	:45	:45
1	1	1	1
:15	:15	:15	:15
:30	:30	:30	:30
:45	:45	:45	:45
2	2	2	2
:15	:15	:15	:15
:30	:30	:30	:30
:45	:45	:45	:45
3	3	3	3
:15	:15	:15	:15
:30	:30	:30	:30
:45	:45	:45	:45
4	4	4	4
:15	:15	:15	:15
:30	:30	:30	:30
:45	:45	:45	:45
5	5	5	5
:15	:15	:15	:15
:30	:30	:30	:30
:45	:45	:45	:45
6	6	6	6
:15	:15	:15	:15
:30	:30	:30	:30
:45	:45	:45	:45
7	7	7	7
:15	:15	:15	:15
:30	:30	:30	:30
:45	:45	:45	:45
8	8	8	8
:15	:15	:15	:15
:30	:30	:30	:30
:45	:45	:45	:45

Name:	Name:	Name:	Name:
Date:	Date:	Date:	Date:
7	7	7	7
:15	:15	:15	:15
:30	:30	:30	:30
:45	:45	:45	:45
8	8	8	8
:15	:15	:15	:15
:30	:30	:30	:30
:45	:45	:45	:45
9	9	9	9
:15	:15	:15	:15
:30	:30	:30	:30
:45	:45	:45	:45
10	10	10	10
:15	:15	:15	:15
:30	:30	:30	:30
:45	:45	:45	:45
11	11	11	11
:15	:15	:15	:15
:30	:30	:30	:30
:45	:45	:45	:45
12	12	12	12
:15	:15	:15	:15
:30	:30	:30	:30
:45	:45	:45	:45
1	1	1	1
:15	:15	:15	:15
:30	:30	:30	:30
:45	:45	:45	:45
2	2	2	2
:15	:15	:15	:15
:30	:30	:30	:30
:45	:45	:45	:45
3	3	3	3
:15	:15	:15	:15
:30	:30	:30	:30
:45	:45	:45	:45
4	4	4	4
:15	:15	:15	:15
:30	:30	:30	:30
:45	:45	:45	:45
5	5	5	5
:15	:15	:15	:15
:30	:30	:30	:30
:45	:45	:45	:45
6	6	6	6
:15	:15	:15	:15
:30	:30	:30	:30
:45	:45	:45	:45
7	7	7	7
:15	:15	:15	:15
:30	:30	:30	:30
:45	:45	:45	:45
8	8	8	8
:15	:15	:15	:15
:30	:30	:30	:30
:45	:45	:45	:45

Name:	Name:	Name:	Name:
Date:	Date:	Date:	Date:
7	7	7	7
:15	:15	:15	:15
:30	:30	:30	:30
:45	:45	:45	:45
8	8	8	8
:15	:15	:15	:15
:30	:30	:30	:30
:45	:45	:45	:45
9	9	9	9
:15	:15	:15	:15
:30	:30	:30	:30
:45	:45	:45	:45
10	10	10	10
:15	:15	:15	:15
:30	:30	:30	:30
:45	:45	:45	:45
11	11	11	11
:15	:15	:15	:15
:30	:30	:30	:30
:45	:45	:45	:45
12	12	12	12
:15	:15	:15	:15
:30	:30	:30	:30
:45	:45	:45	:45
1	1	1	1
:15	:15	:15	:15
:30	:30	:30	:30
:45	:45	:45	:45
2	2	2	2
:15	:15	:15	:15
:30	:30	:30	:30
:45	:45	:45	:45
3	3	3	3
:15	:15	:15	:15
:30	:30	:30	:30
:45	:45	:45	:45
4	4	4	4
:15	:15	:15	:15
:30	:30	:30	:30
:45	:45	:45	:45
5	5	5	5
:15	:15	:15	:15
:30	:30	:30	:30
:45	:45	:45	:45
6	6	6	6
:15	:15	:15	:15
:30	:30	:30	:30
:45	:45	:45	:45
7	7	7	7
:15	:15	:15	:15
:30	:30	:30	:30
:45	:45	:45	:45
8	8	8	8
:15	:15	:15	:15
:30	:30	:30	:30
:45	:45	:45	:45

Name:	Name:	Name:	Name:
Date:	Date:	Date:	Date:
7	7	7	7
:15	:15	:15	:15
:30	:30	:30	:30
:45	:45	:45	:45
8	8	8	8
:15	:15	:15	:15
:30	:30	:30	:30
:45	:45	:45	:45
9	9	9	9
:15	:15	:15	:15
:30	:30	:30	:30
:45	:45	:45	:45
10	10	10	10
:15	:15	:15	:15
:30	:30	:30	:30
:45	:45	:45	:45
11	11	11	11
:15	:15	:15	:15
:30	:30	:30	:30
:45	:45	:45	:45
12	12	12	12
:15	:15	:15	:15
:30	:30	:30	:30
:45	:45	:45	:45
1	1	1	1
:15	:15	:15	:15
:30	:30	:30	:30
:45	:45	:45	:45
2	2	2	2
:15	:15	:15	:15
:30	:30	:30	:30
:45	:45	:45	:45
3	3	3	3
:15	:15	:15	:15
:30	:30	:30	:30
:45	:45	:45	:45
4	4	4	4
:15	:15	:15	:15
:30	:30	:30	:30
:45	:45	:45	:45
5	5	5	5
:15	:15	:15	:15
:30	:30	:30	:30
:45	:45	:45	:45
6	6	6	6
:15	:15	:15	:15
:30	:30	:30	:30
:45	:45	:45	:45
7	7	7	7
:15	:15	:15	:15
:30	:30	:30	:30
:45	:45	:45	:45
8	8	8	8
:15	:15	:15	:15
:30	:30	:30	:30
:45	:45	:45	:45

Name:	Name:	Name:	Name:
Date:	Date:	Date:	Date:
7	7	7	7
:15	:15	:15	:15
:30	:30	:30	:30
:45	:45	:45	:45
8	8	8	8
:15	:15	:15	:15
:30	:30	:30	:30
:45	:45	:45	:45
9	9	9	9
:15	:15	:15	:15
:30	:30	:30	:30
:45	:45	:45	:45
10	10	10	10
:15	:15	:15	:15
:30	:30	:30	:30
:45	:45	:45	:45
11	11	11	11
:15	:15	:15	:15
:30	:30	:30	:30
:45	:45	:45	:45
12	12	12	12
:15	:15	:15	:15
:30	:30	:30	:30
:45	:45	:45	:45
1	1	1	1
:15	:15	:15	:15
:30	:30	:30	:30
:45	:45	:45	:45
2	2	2	2
:15	:15	:15	:15
:30	:30	:30	:30
:45	:45	:45	:45
3	3	3	3
:15	:15	:15	:15
:30	:30	:30	:30
:45	:45	:45	:45
4	4	4	4
:15	:15	:15	:15
:30	:30	:30	:30
:45	:45	:45	:45
5	5	5	5
:15	:15	:15	:15
:30	:30	:30	:30
:45	:45	:45	:45
6	6	6	6
:15	:15	:15	:15
:30	:30	:30	:30
:45	:45	:45	:45
7	7	7	7
:15	:15	:15	:15
:30	:30	:30	:30
:45	:45	:45	:45
8	8	8	8
:15	:15	:15	:15
:30	:30	:30	:30
:45	:45	:45	:45

Name:	Name:	Name:	Name:
Date:	Date:	Date:	Date:
7	7	7	7
:15	:15	:15	:15
:30	:30	:30	:30
:45	:45	:45	:45
8	8	8	8
:15	:15	:15	:15
:30	:30	:30	:30
:45	:45	:45	:45
9	9	9	9
:15	:15	:15	:15
:30	:30	:30	:30
:45	:45	:45	:45
10	10	10	10
:15	:15	:15	:15
:30	:30	:30	:30
:45	:45	:45	:45
11	11	11	11
:15	:15	:15	:15
:30	:30	:30	:30
:45	:45	:45	:45
12	12	12	12
:15	:15	:15	:15
:30	:30	:30	:30
:45	:45	:45	:45
1	1	1	1
:15	:15	:15	:15
:30	:30	:30	:30
:45	:45	:45	:45
2	2	2	2
:15	:15	:15	:15
:30	:30	:30	:30
:45	:45	:45	:45
3	3	3	3
:15	:15	:15	:15
:30	:30	:30	:30
:45	:45	:45	:45
4	4	4	4
:15	:15	:15	:15
:30	:30	:30	:30
:45	:45	:45	:45
5	5	5	5
:15	:15	:15	:15
:30	:30	:30	:30
:45	:45	:45	:45
6	6	6	6
:15	:15	:15	:15
:30	:30	:30	:30
:45	:45	:45	:45
7	7	7	7
:15	:15	:15	:15
:30	:30	:30	:30
:45	:45	:45	:45
8	8	8	8
:15	:15	:15	:15
:30	:30	:30	:30
:45	:45	:45	:45

Name:	Name:	Name:	Name:
Date:	Date:	Date:	Date:
7	**7**	**7**	**7**
:15	:15	:15	:15
:30	:30	:30	:30
:45	:45	:45	:45
8	**8**	**8**	**8**
:15	:15	:15	:15
:30	:30	:30	:30
:45	:45	:45	:45
9	**9**	**9**	**9**
:15	:15	:15	:15
:30	:30	:30	:30
:45	:45	:45	:45
10	**10**	**10**	**10**
:15	:15	:15	:15
:30	:30	:30	:30
:45	:45	:45	:45
11	**11**	**11**	**11**
:15	:15	:15	:15
:30	:30	:30	:30
:45	:45	:45	:45
12	**12**	**12**	**12**
:15	:15	:15	:15
:30	:30	:30	:30
:45	:45	:45	:45
1	**1**	**1**	**1**
:15	:15	:15	:15
:30	:30	:30	:30
:45	:45	:45	:45
2	**2**	**2**	**2**
:15	:15	:15	:15
:30	:30	:30	:30
:45	:45	:45	:45
3	**3**	**3**	**3**
:15	:15	:15	:15
:30	:30	:30	:30
:45	:45	:45	:45
4	**4**	**4**	**4**
:15	:15	:15	:15
:30	:30	:30	:30
:45	:45	:45	:45
5	**5**	**5**	**5**
:15	:15	:15	:15
:30	:30	:30	:30
:45	:45	:45	:45
6	**6**	**6**	**6**
:15	:15	:15	:15
:30	:30	:30	:30
:45	:45	:45	:45
7	**7**	**7**	**7**
:15	:15	:15	:15
:30	:30	:30	:30
:45	:45	:45	:45
8	**8**	**8**	**8**
:15	:15	:15	:15
:30	:30	:30	:30
:45	:45	:45	:45

Name:	Name:	Name:	Name:
Date:	Date:	Date:	Date:
7	7	7	7
:15	:15	:15	:15
:30	:30	:30	:30
:45	:45	:45	:45
8	8	8	8
:15	:15	:15	:15
:30	:30	:30	:30
:45	:45	:45	:45
9	9	9	9
:15	:15	:15	:15
:30	:30	:30	:30
:45	:45	:45	:45
10	10	10	10
:15	:15	:15	:15
:30	:30	:30	:30
:45	:45	:45	:45
11	11	11	11
:15	:15	:15	:15
:30	:30	:30	:30
:45	:45	:45	:45
12	12	12	12
:15	:15	:15	:15
:30	:30	:30	:30
:45	:45	:45	:45
1	1	1	1
:15	:15	:15	:15
:30	:30	:30	:30
:45	:45	:45	:45
2	2	2	2
:15	:15	:15	:15
:30	:30	:30	:30
:45	:45	:45	:45
3	3	3	3
:15	:15	:15	:15
:30	:30	:30	:30
:45	:45	:45	:45
4	4	4	4
:15	:15	:15	:15
:30	:30	:30	:30
:45	:45	:45	:45
5	5	5	5
:15	:15	:15	:15
:30	:30	:30	:30
:45	:45	:45	:45
6	6	6	6
:15	:15	:15	:15
:30	:30	:30	:30
:45	:45	:45	:45
7	7	7	7
:15	:15	:15	:15
:30	:30	:30	:30
:45	:45	:45	:45
8	8	8	8
:15	:15	:15	:15
:30	:30	:30	:30
:45	:45	:45	:45

Name:	Name:	Name:	Name:
Date:	Date:	Date:	Date:
7	7	7	7
:15	:15	:15	:15
:30	:30	:30	:30
:45	:45	:45	:45
8	8	8	8
:15	:15	:15	:15
:30	:30	:30	:30
:45	:45	:45	:45
9	9	9	9
:15	:15	:15	:15
:30	:30	:30	:30
:45	:45	:45	:45
10	10	10	10
:15	:15	:15	:15
:30	:30	:30	:30
:45	:45	:45	:45
11	11	11	11
:15	:15	:15	:15
:30	:30	:30	:30
:45	:45	:45	:45
12	12	12	12
:15	:15	:15	:15
:30	:30	:30	:30
:45	:45	:45	:45
1	1	1	1
:15	:15	:15	:15
:30	:30	:30	:30
:45	:45	:45	:45
2	2	2	2
:15	:15	:15	:15
:30	:30	:30	:30
:45	:45	:45	:45
3	3	3	3
:15	:15	:15	:15
:30	:30	:30	:30
:45	:45	:45	:45
4	4	4	4
:15	:15	:15	:15
:30	:30	:30	:30
:45	:45	:45	:45
5	5	5	5
:15	:15	:15	:15
:30	:30	:30	:30
:45	:45	:45	:45
6	6	6	6
:15	:15	:15	:15
:30	:30	:30	:30
:45	:45	:45	:45
7	7	7	7
:15	:15	:15	:15
:30	:30	:30	:30
:45	:45	:45	:45
8	8	8	8
:15	:15	:15	:15
:30	:30	:30	:30
:45	:45	:45	:45

Name:	Name:	Name:	Name:
Date:	Date:	Date:	Date:
7	7	7	7
:15	:15	:15	:15
:30	:30	:30	:30
:45	:45	:45	:45
8	8	8	8
:15	:15	:15	:15
:30	:30	:30	:30
:45	:45	:45	:45
9	9	9	9
:15	:15	:15	:15
:30	:30	:30	:30
:45	:45	:45	:45
10	10	10	10
:15	:15	:15	:15
:30	:30	:30	:30
:45	:45	:45	:45
11	11	11	11
:15	:15	:15	:15
:30	:30	:30	:30
:45	:45	:45	:45
12	12	12	12
:15	:15	:15	:15
:30	:30	:30	:30
:45	:45	:45	:45
1	1	1	1
:15	:15	:15	:15
:30	:30	:30	:30
:45	:45	:45	:45
2	2	2	2
:15	:15	:15	:15
:30	:30	:30	:30
:45	:45	:45	:45
3	3	3	3
:15	:15	:15	:15
:30	:30	:30	:30
:45	:45	:45	:45
4	4	4	4
:15	:15	:15	:15
:30	:30	:30	:30
:45	:45	:45	:45
5	5	5	5
:15	:15	:15	:15
:30	:30	:30	:30
:45	:45	:45	:45
6	6	6	6
:15	:15	:15	:15
:30	:30	:30	:30
:45	:45	:45	:45
7	7	7	7
:15	:15	:15	:15
:30	:30	:30	:30
:45	:45	:45	:45
8	8	8	8
:15	:15	:15	:15
:30	:30	:30	:30
:45	:45	:45	:45

Name:	Name:	Name:	Name:
Date:	Date:	Date:	Date:
7	7	7	7
:15	:15	:15	:15
:30	:30	:30	:30
:45	:45	:45	:45
8	8	8	8
:15	:15	:15	:15
:30	:30	:30	:30
:45	:45	:45	:45
9	9	9	9
:15	:15	:15	:15
:30	:30	:30	:30
:45	:45	:45	:45
10	10	10	10
:15	:15	:15	:15
:30	:30	:30	:30
:45	:45	:45	:45
11	11	11	11
:15	:15	:15	:15
:30	:30	:30	:30
:45	:45	:45	:45
12	12	12	12
:15	:15	:15	:15
:30	:30	:30	:30
:45	:45	:45	:45
1	1	1	1
:15	:15	:15	:15
:30	:30	:30	:30
:45	:45	:45	:45
2	2	2	2
:15	:15	:15	:15
:30	:30	:30	:30
:45	:45	:45	:45
3	3	3	3
:15	:15	:15	:15
:30	:30	:30	:30
:45	:45	:45	:45
4	4	4	4
:15	:15	:15	:15
:30	:30	:30	:30
:45	:45	:45	:45
5	5	5	5
:15	:15	:15	:15
:30	:30	:30	:30
:45	:45	:45	:45
6	6	6	6
:15	:15	:15	:15
:30	:30	:30	:30
:45	:45	:45	:45
7	7	7	7
:15	:15	:15	:15
:30	:30	:30	:30
:45	:45	:45	:45
8	8	8	8
:15	:15	:15	:15
:30	:30	:30	:30
:45	:45	:45	:45

Name:	Name:	Name:	Name:
Date:	Date:	Date:	Date:
7	7	7	7
:15	:15	:15	:15
:30	:30	:30	:30
:45	:45	:45	:45
8	8	8	8
:15	:15	:15	:15
:30	:30	:30	:30
:45	:45	:45	:45
9	9	9	9
:15	:15	:15	:15
:30	:30	:30	:30
:45	:45	:45	:45
10	10	10	10
:15	:15	:15	:15
:30	:30	:30	:30
:45	:45	:45	:45
11	11	11	11
:15	:15	:15	:15
:30	:30	:30	:30
:45	:45	:45	:45
12	12	12	12
:15	:15	:15	:15
:30	:30	:30	:30
:45	:45	:45	:45
1	1	1	1
:15	:15	:15	:15
:30	:30	:30	:30
:45	:45	:45	:45
2	2	2	2
:15	:15	:15	:15
:30	:30	:30	:30
:45	:45	:45	:45
3	3	3	3
:15	:15	:15	:15
:30	:30	:30	:30
:45	:45	:45	:45
4	4	4	4
:15	:15	:15	:15
:30	:30	:30	:30
:45	:45	:45	:45
5	5	5	5
:15	:15	:15	:15
:30	:30	:30	:30
:45	:45	:45	:45
6	6	6	6
:15	:15	:15	:15
:30	:30	:30	:30
:45	:45	:45	:45
7	7	7	7
:15	:15	:15	:15
:30	:30	:30	:30
:45	:45	:45	:45
8	8	8	8
:15	:15	:15	:15
:30	:30	:30	:30
:45	:45	:45	:45

Name:	Name:	Name:	Name:
Date:	Date:	Date:	Date:
7	7	7	7
:15	:15	:15	:15
:30	:30	:30	:30
:45	:45	:45	:45
8	8	8	8
:15	:15	:15	:15
:30	:30	:30	:30
:45	:45	:45	:45
9	9	9	9
:15	:15	:15	:15
:30	:30	:30	:30
:45	:45	:45	:45
10	10	10	10
:15	:15	:15	:15
:30	:30	:30	:30
:45	:45	:45	:45
11	11	11	11
:15	:15	:15	:15
:30	:30	:30	:30
:45	:45	:45	:45
12	12	12	12
:15	:15	:15	:15
:30	:30	:30	:30
:45	:45	:45	:45
1	1	1	1
:15	:15	:15	:15
:30	:30	:30	:30
:45	:45	:45	:45
2	2	2	2
:15	:15	:15	:15
:30	:30	:30	:30
:45	:45	:45	:45
3	3	3	3
:15	:15	:15	:15
:30	:30	:30	:30
:45	:45	:45	:45
4	4	4	4
:15	:15	:15	:15
:30	:30	:30	:30
:45	:45	:45	:45
5	5	5	5
:15	:15	:15	:15
:30	:30	:30	:30
:45	:45	:45	:45
6	6	6	6
:15	:15	:15	:15
:30	:30	:30	:30
:45	:45	:45	:45
7	7	7	7
:15	:15	:15	:15
:30	:30	:30	:30
:45	:45	:45	:45
8	8	8	8
:15	:15	:15	:15
:30	:30	:30	:30
:45	:45	:45	:45

Name:	Name:	Name:	Name:
Date:	Date:	Date:	Date:
7	7	7	7
:15	:15	:15	:15
:30	:30	:30	:30
:45	:45	:45	:45
8	8	8	8
:15	:15	:15	:15
:30	:30	:30	:30
:45	:45	:45	:45
9	9	9	9
:15	:15	:15	:15
:30	:30	:30	:30
:45	:45	:45	:45
10	10	10	10
:15	:15	:15	:15
:30	:30	:30	:30
:45	:45	:45	:45
11	11	11	11
:15	:15	:15	:15
:30	:30	:30	:30
:45	:45	:45	:45
12	12	12	12
:15	:15	:15	:15
:30	:30	:30	:30
:45	:45	:45	:45
1	1	1	1
:15	:15	:15	:15
:30	:30	:30	:30
:45	:45	:45	:45
2	2	2	2
:15	:15	:15	:15
:30	:30	:30	:30
:45	:45	:45	:45
3	3	3	3
:15	:15	:15	:15
:30	:30	:30	:30
:45	:45	:45	:45
4	4	4	4
:15	:15	:15	:15
:30	:30	:30	:30
:45	:45	:45	:45
5	5	5	5
:15	:15	:15	:15
:30	:30	:30	:30
:45	:45	:45	:45
6	6	6	6
:15	:15	:15	:15
:30	:30	:30	:30
:45	:45	:45	:45
7	7	7	7
:15	:15	:15	:15
:30	:30	:30	:30
:45	:45	:45	:45
8	8	8	8
:15	:15	:15	:15
:30	:30	:30	:30
:45	:45	:45	:45

Name:	Name:	Name:	Name:
Date:	Date:	Date:	Date:

7	7	7	7
:15	:15	:15	:15
:30	:30	:30	:30
:45	:45	:45	:45
8	8	8	8
:15	:15	:15	:15
:30	:30	:30	:30
:45	:45	:45	:45
9	9	9	9
:15	:15	:15	:15
:30	:30	:30	:30
:45	:45	:45	:45
10	10	10	10
:15	:15	:15	:15
:30	:30	:30	:30
:45	:45	:45	:45
11	11	11	11
:15	:15	:15	:15
:30	:30	:30	:30
:45	:45	:45	:45
12	12	12	12
:15	:15	:15	:15
:30	:30	:30	:30
:45	:45	:45	:45
1	1	1	1
:15	:15	:15	:15
:30	:30	:30	:30
:45	:45	:45	:45
2	2	2	2
:15	:15	:15	:15
:30	:30	:30	:30
:45	:45	:45	:45
3	3	3	3
:15	:15	:15	:15
:30	:30	:30	:30
:45	:45	:45	:45
4	4	4	4
:15	:15	:15	:15
:30	:30	:30	:30
:45	:45	:45	:45
5	5	5	5
:15	:15	:15	:15
:30	:30	:30	:30
:45	:45	:45	:45
6	6	6	6
:15	:15	:15	:15
:30	:30	:30	:30
:45	:45	:45	:45
7	7	7	7
:15	:15	:15	:15
:30	:30	:30	:30
:45	:45	:45	:45
8	8	8	8
:15	:15	:15	:15
:30	:30	:30	:30
:45	:45	:45	:45

Name:	Name:	Name:	Name:
Date:	Date:	Date:	Date:
7	7	7	7
:15	:15	:15	:15
:30	:30	:30	:30
:45	:45	:45	:45
8	8	8	8
:15	:15	:15	:15
:30	:30	:30	:30
:45	:45	:45	:45
9	9	9	9
:15	:15	:15	:15
:30	:30	:30	:30
:45	:45	:45	:45
10	10	10	10
:15	:15	:15	:15
:30	:30	:30	:30
:45	:45	:45	:45
11	11	11	11
:15	:15	:15	:15
:30	:30	:30	:30
:45	:45	:45	:45
12	12	12	12
:15	:15	:15	:15
:30	:30	:30	:30
:45	:45	:45	:45
1	1	1	1
:15	:15	:15	:15
:30	:30	:30	:30
:45	:45	:45	:45
2	2	2	2
:15	:15	:15	:15
:30	:30	:30	:30
:45	:45	:45	:45
3	3	3	3
:15	:15	:15	:15
:30	:30	:30	:30
:45	:45	:45	:45
4	4	4	4
:15	:15	:15	:15
:30	:30	:30	:30
:45	:45	:45	:45
5	5	5	5
:15	:15	:15	:15
:30	:30	:30	:30
:45	:45	:45	:45
6	6	6	6
:15	:15	:15	:15
:30	:30	:30	:30
:45	:45	:45	:45
7	7	7	7
:15	:15	:15	:15
:30	:30	:30	:30
:45	:45	:45	:45
8	8	8	8
:15	:15	:15	:15
:30	:30	:30	:30
:45	:45	:45	:45

Name:	Name:	Name:	Name:
Date:	Date:	Date:	Date:
7	7	7	7
:15	:15	:15	:15
:30	:30	:30	:30
:45	:45	:45	:45
8	8	8	8
:15	:15	:15	:15
:30	:30	:30	:30
:45	:45	:45	:45
9	9	9	9
:15	:15	:15	:15
:30	:30	:30	:30
:45	:45	:45	:45
10	10	10	10
:15	:15	:15	:15
:30	:30	:30	:30
:45	:45	:45	:45
11	11	11	11
:15	:15	:15	:15
:30	:30	:30	:30
:45	:45	:45	:45
12	12	12	12
:15	:15	:15	:15
:30	:30	:30	:30
:45	:45	:45	:45
1	1	1	1
:15	:15	:15	:15
:30	:30	:30	:30
:45	:45	:45	:45
2	2	2	2
:15	:15	:15	:15
:30	:30	:30	:30
:45	:45	:45	:45
3	3	3	3
:15	:15	:15	:15
:30	:30	:30	:30
:45	:45	:45	:45
4	4	4	4
:15	:15	:15	:15
:30	:30	:30	:30
:45	:45	:45	:45
5	5	5	5
:15	:15	:15	:15
:30	:30	:30	:30
:45	:45	:45	:45
6	6	6	6
:15	:15	:15	:15
:30	:30	:30	:30
:45	:45	:45	:45
7	7	7	7
:15	:15	:15	:15
:30	:30	:30	:30
:45	:45	:45	:45
8	8	8	8
:15	:15	:15	:15
:30	:30	:30	:30
:45	:45	:45	:45

Name:	Name:	Name:	Name:
Date:	Date:	Date:	Date:
7	7	7	7
:15	:15	:15	:15
:30	:30	:30	:30
:45	:45	:45	:45
8	8	8	8
:15	:15	:15	:15
:30	:30	:30	:30
:45	:45	:45	:45
9	9	9	9
:15	:15	:15	:15
:30	:30	:30	:30
:45	:45	:45	:45
10	10	10	10
:15	:15	:15	:15
:30	:30	:30	:30
:45	:45	:45	:45
11	11	11	11
:15	:15	:15	:15
:30	:30	:30	:30
:45	:45	:45	:45
12	12	12	12
:15	:15	:15	:15
:30	:30	:30	:30
:45	:45	:45	:45
1	1	1	1
:15	:15	:15	:15
:30	:30	:30	:30
:45	:45	:45	:45
2	2	2	2
:15	:15	:15	:15
:30	:30	:30	:30
:45	:45	:45	:45
3	3	3	3
:15	:15	:15	:15
:30	:30	:30	:30
:45	:45	:45	:45
4	4	4	4
:15	:15	:15	:15
:30	:30	:30	:30
:45	:45	:45	:45
5	5	5	5
:15	:15	:15	:15
:30	:30	:30	:30
:45	:45	:45	:45
6	6	6	6
:15	:15	:15	:15
:30	:30	:30	:30
:45	:45	:45	:45
7	7	7	7
:15	:15	:15	:15
:30	:30	:30	:30
:45	:45	:45	:45
8	8	8	8
:15	:15	:15	:15
:30	:30	:30	:30
:45	:45	:45	:45

Name:	Name:	Name:	Name:
Date:	Date:	Date:	Date:
7	7	7	7
:15	:15	:15	:15
:30	:30	:30	:30
:45	:45	:45	:45
8	8	8	8
:15	:15	:15	:15
:30	:30	:30	:30
:45	:45	:45	:45
9	9	9	9
:15	:15	:15	:15
:30	:30	:30	:30
:45	:45	:45	:45
10	10	10	10
:15	:15	:15	:15
:30	:30	:30	:30
:45	:45	:45	:45
11	11	11	11
:15	:15	:15	:15
:30	:30	:30	:30
:45	:45	:45	:45
12	12	12	12
:15	:15	:15	:15
:30	:30	:30	:30
:45	:45	:45	:45
1	1	1	1
:15	:15	:15	:15
:30	:30	:30	:30
:45	:45	:45	:45
2	2	2	2
:15	:15	:15	:15
:30	:30	:30	:30
:45	:45	:45	:45
3	3	3	3
:15	:15	:15	:15
:30	:30	:30	:30
:45	:45	:45	:45
4	4	4	4
:15	:15	:15	:15
:30	:30	:30	:30
:45	:45	:45	:45
5	5	5	5
:15	:15	:15	:15
:30	:30	:30	:30
:45	:45	:45	:45
6	6	6	6
:15	:15	:15	:15
:30	:30	:30	:30
:45	:45	:45	:45
7	7	7	7
:15	:15	:15	:15
:30	:30	:30	:30
:45	:45	:45	:45
8	8	8	8
:15	:15	:15	:15
:30	:30	:30	:30
:45	:45	:45	:45

Name:	Name:	Name:	Name:
Date:	Date:	Date:	Date:
7	**7**	**7**	**7**
:15	:15	:15	:15
:30	:30	:30	:30
:45	:45	:45	:45
8	**8**	**8**	**8**
:15	:15	:15	:15
:30	:30	:30	:30
:45	:45	:45	:45
9	**9**	**9**	**9**
:15	:15	:15	:15
:30	:30	:30	:30
:45	:45	:45	:45
10	**10**	**10**	**10**
:15	:15	:15	:15
:30	:30	:30	:30
:45	:45	:45	:45
11	**11**	**11**	**11**
:15	:15	:15	:15
:30	:30	:30	:30
:45	:45	:45	:45
12	**12**	**12**	**12**
:15	:15	:15	:15
:30	:30	:30	:30
:45	:45	:45	:45
1	**1**	**1**	**1**
:15	:15	:15	:15
:30	:30	:30	:30
:45	:45	:45	:45
2	**2**	**2**	**2**
:15	:15	:15	:15
:30	:30	:30	:30
:45	:45	:45	:45
3	**3**	**3**	**3**
:15	:15	:15	:15
:30	:30	:30	:30
:45	:45	:45	:45
4	**4**	**4**	**4**
:15	:15	:15	:15
:30	:30	:30	:30
:45	:45	:45	:45
5	**5**	**5**	**5**
:15	:15	:15	:15
:30	:30	:30	:30
:45	:45	:45	:45
6	**6**	**6**	**6**
:15	:15	:15	:15
:30	:30	:30	:30
:45	:45	:45	:45
7	**7**	**7**	**7**
:15	:15	:15	:15
:30	:30	:30	:30
:45	:45	:45	:45
8	**8**	**8**	**8**
:15	:15	:15	:15
:30	:30	:30	:30
:45	:45	:45	:45

Name:	Name:	Name:	Name:
Date:	Date:	Date:	Date:
7	7	7	7
:15	:15	:15	:15
:30	:30	:30	:30
:45	:45	:45	:45
8	8	8	8
:15	:15	:15	:15
:30	:30	:30	:30
:45	:45	:45	:45
9	9	9	9
:15	:15	:15	:15
:30	:30	:30	:30
:45	:45	:45	:45
10	10	10	10
:15	:15	:15	:15
:30	:30	:30	:30
:45	:45	:45	:45
11	11	11	11
:15	:15	:15	:15
:30	:30	:30	:30
:45	:45	:45	:45
12	12	12	12
:15	:15	:15	:15
:30	:30	:30	:30
:45	:45	:45	:45
1	1	1	1
:15	:15	:15	:15
:30	:30	:30	:30
:45	:45	:45	:45
2	2	2	2
:15	:15	:15	:15
:30	:30	:30	:30
:45	:45	:45	:45
3	3	3	3
:15	:15	:15	:15
:30	:30	:30	:30
:45	:45	:45	:45
4	4	4	4
:15	:15	:15	:15
:30	:30	:30	:30
:45	:45	:45	:45
5	5	5	5
:15	:15	:15	:15
:30	:30	:30	:30
:45	:45	:45	:45
6	6	6	6
:15	:15	:15	:15
:30	:30	:30	:30
:45	:45	:45	:45
7	7	7	7
:15	:15	:15	:15
:30	:30	:30	:30
:45	:45	:45	:45
8	8	8	8
:15	:15	:15	:15
:30	:30	:30	:30
:45	:45	:45	:45

Name:	Name:	Name:	Name:
Date:	Date:	Date:	Date:
7	7	7	7
:15	:15	:15	:15
:30	:30	:30	:30
:45	:45	:45	:45
8	8	8	8
:15	:15	:15	:15
:30	:30	:30	:30
:45	:45	:45	:45
9	9	9	9
:15	:15	:15	:15
:30	:30	:30	:30
:45	:45	:45	:45
10	10	10	10
:15	:15	:15	:15
:30	:30	:30	:30
:45	:45	:45	:45
11	11	11	11
:15	:15	:15	:15
:30	:30	:30	:30
:45	:45	:45	:45
12	12	12	12
:15	:15	:15	:15
:30	:30	:30	:30
:45	:45	:45	:45
1	1	1	1
:15	:15	:15	:15
:30	:30	:30	:30
:45	:45	:45	:45
2	2	2	2
:15	:15	:15	:15
:30	:30	:30	:30
:45	:45	:45	:45
3	3	3	3
:15	:15	:15	:15
:30	:30	:30	:30
:45	:45	:45	:45
4	4	4	4
:15	:15	:15	:15
:30	:30	:30	:30
:45	:45	:45	:45
5	5	5	5
:15	:15	:15	:15
:30	:30	:30	:30
:45	:45	:45	:45
6	6	6	6
:15	:15	:15	:15
:30	:30	:30	:30
:45	:45	:45	:45
7	7	7	7
:15	:15	:15	:15
:30	:30	:30	:30
:45	:45	:45	:45
8	8	8	8
:15	:15	:15	:15
:30	:30	:30	:30
:45	:45	:45	:45

Name: Date:	Name: Date:	Name: Date:	Name: Date:
7 :15 :30 :45	7 :15 :30 :45	7 :15 :30 :45	7 :15 :30 :45
8 :15 :30 :45	8 :15 :30 :45	8 :15 :30 :45	8 :15 :30 :45
9 :15 :30 :45	9 :15 :30 :45	9 :15 :30 :45	9 :15 :30 :45
10 :15 :30 :45	10 :15 :30 :45	10 :15 :30 :45	10 :15 :30 :45
11 :15 :30 :45	11 :15 :30 :45	11 :15 :30 :45	11 :15 :30 :45
12 :15 :30 :45	12 :15 :30 :45	12 :15 :30 :45	12 :15 :30 :45
1 :15 :30 :45	1 :15 :30 :45	1 :15 :30 :45	1 :15 :30 :45
2 :15 :30 :45	2 :15 :30 :45	2 :15 :30 :45	2 :15 :30 :45
3 :15 :30 :45	3 :15 :30 :45	3 :15 :30 :45	3 :15 :30 :45
4 :15 :30 :45	4 :15 :30 :45	4 :15 :30 :45	4 :15 :30 :45
5 :15 :30 :45	5 :15 :30 :45	5 :15 :30 :45	5 :15 :30 :45
6 :15 :30 :45	6 :15 :30 :45	6 :15 :30 :45	6 :15 :30 :45
7 :15 :30 :45	7 :15 :30 :45	7 :15 :30 :45	7 :15 :30 :45
8 :15 :30 :45	8 :15 :30 :45	8 :15 :30 :45	8 :15 :30 :45

Name:	Name:	Name:	Name:
Date:	Date:	Date:	Date:
7	7	7	7
:15	:15	:15	:15
:30	:30	:30	:30
:45	:45	:45	:45
8	8	8	8
:15	:15	:15	:15
:30	:30	:30	:30
:45	:45	:45	:45
9	9	9	9
:15	:15	:15	:15
:30	:30	:30	:30
:45	:45	:45	:45
10	10	10	10
:15	:15	:15	:15
:30	:30	:30	:30
:45	:45	:45	:45
11	11	11	11
:15	:15	:15	:15
:30	:30	:30	:30
:45	:45	:45	:45
12	12	12	12
:15	:15	:15	:15
:30	:30	:30	:30
:45	:45	:45	:45
1	1	1	1
:15	:15	:15	:15
:30	:30	:30	:30
:45	:45	:45	:45
2	2	2	2
:15	:15	:15	:15
:30	:30	:30	:30
:45	:45	:45	:45
3	3	3	3
:15	:15	:15	:15
:30	:30	:30	:30
:45	:45	:45	:45
4	4	4	4
:15	:15	:15	:15
:30	:30	:30	:30
:45	:45	:45	:45
5	5	5	5
:15	:15	:15	:15
:30	:30	:30	:30
:45	:45	:45	:45
6	6	6	6
:15	:15	:15	:15
:30	:30	:30	:30
:45	:45	:45	:45
7	7	7	7
:15	:15	:15	:15
:30	:30	:30	:30
:45	:45	:45	:45
8	8	8	8
:15	:15	:15	:15
:30	:30	:30	:30
:45	:45	:45	:45

Name:	Name:	Name:	Name:
Date:	Date:	Date:	Date:
7	7	7	7
:15	:15	:15	:15
:30	:30	:30	:30
:45	:45	:45	:45
8	8	8	8
:15	:15	:15	:15
:30	:30	:30	:30
:45	:45	:45	:45
9	9	9	9
:15	:15	:15	:15
:30	:30	:30	:30
:45	:45	:45	:45
10	10	10	10
:15	:15	:15	:15
:30	:30	:30	:30
:45	:45	:45	:45
11	11	11	11
:15	:15	:15	:15
:30	:30	:30	:30
:45	:45	:45	:45
12	12	12	12
:15	:15	:15	:15
:30	:30	:30	:30
:45	:45	:45	:45
1	1	1	1
:15	:15	:15	:15
:30	:30	:30	:30
:45	:45	:45	:45
2	2	2	2
:15	:15	:15	:15
:30	:30	:30	:30
:45	:45	:45	:45
3	3	3	3
:15	:15	:15	:15
:30	:30	:30	:30
:45	:45	:45	:45
4	4	4	4
:15	:15	:15	:15
:30	:30	:30	:30
:45	:45	:45	:45
5	5	5	5
:15	:15	:15	:15
:30	:30	:30	:30
:45	:45	:45	:45
6	6	6	6
:15	:15	:15	:15
:30	:30	:30	:30
:45	:45	:45	:45
7	7	7	7
:15	:15	:15	:15
:30	:30	:30	:30
:45	:45	:45	:45
8	8	8	8
:15	:15	:15	:15
:30	:30	:30	:30
:45	:45	:45	:45

Name:	Name:	Name:	Name:
Date:	Date:	Date:	Date:
7	7	7	7
:15	:15	:15	:15
:30	:30	:30	:30
:45	:45	:45	:45
8	8	8	8
:15	:15	:15	:15
:30	:30	:30	:30
:45	:45	:45	:45
9	9	9	9
:15	:15	:15	:15
:30	:30	:30	:30
:45	:45	:45	:45
10	10	10	10
:15	:15	:15	:15
:30	:30	:30	:30
:45	:45	:45	:45
11	11	11	11
:15	:15	:15	:15
:30	:30	:30	:30
:45	:45	:45	:45
12	12	12	12
:15	:15	:15	:15
:30	:30	:30	:30
:45	:45	:45	:45
1	1	1	1
:15	:15	:15	:15
:30	:30	:30	:30
:45	:45	:45	:45
2	2	2	2
:15	:15	:15	:15
:30	:30	:30	:30
:45	:45	:45	:45
3	3	3	3
:15	:15	:15	:15
:30	:30	:30	:30
:45	:45	:45	:45
4	4	4	4
:15	:15	:15	:15
:30	:30	:30	:30
:45	:45	:45	:45
5	5	5	5
:15	:15	:15	:15
:30	:30	:30	:30
:45	:45	:45	:45
6	6	6	6
:15	:15	:15	:15
:30	:30	:30	:30
:45	:45	:45	:45
7	7	7	7
:15	:15	:15	:15
:30	:30	:30	:30
:45	:45	:45	:45
8	8	8	8
:15	:15	:15	:15
:30	:30	:30	:30
:45	:45	:45	:45

Name:	Name:	Name:	Name:
Date:	Date:	Date:	Date:
7	7	7	7
:15	:15	:15	:15
:30	:30	:30	:30
:45	:45	:45	:45
8	8	8	8
:15	:15	:15	:15
:30	:30	:30	:30
:45	:45	:45	:45
9	9	9	9
:15	:15	:15	:15
:30	:30	:30	:30
:45	:45	:45	:45
10	10	10	10
:15	:15	:15	:15
:30	:30	:30	:30
:45	:45	:45	:45
11	11	11	11
:15	:15	:15	:15
:30	:30	:30	:30
:45	:45	:45	:45
12	12	12	12
:15	:15	:15	:15
:30	:30	:30	:30
:45	:45	:45	:45
1	1	1	1
:15	:15	:15	:15
:30	:30	:30	:30
:45	:45	:45	:45
2	2	2	2
:15	:15	:15	:15
:30	:30	:30	:30
:45	:45	:45	:45
3	3	3	3
:15	:15	:15	:15
:30	:30	:30	:30
:45	:45	:45	:45
4	4	4	4
:15	:15	:15	:15
:30	:30	:30	:30
:45	:45	:45	:45
5	5	5	5
:15	:15	:15	:15
:30	:30	:30	:30
:45	:45	:45	:45
6	6	6	6
:15	:15	:15	:15
:30	:30	:30	:30
:45	:45	:45	:45
7	7	7	7
:15	:15	:15	:15
:30	:30	:30	:30
:45	:45	:45	:45
8	8	8	8
:15	:15	:15	:15
:30	:30	:30	:30
:45	:45	:45	:45

Name:	Name:	Name:	Name:
Date:	Date:	Date:	Date:
7	7	7	7
:15	:15	:15	:15
:30	:30	:30	:30
:45	:45	:45	:45
8	8	8	8
:15	:15	:15	:15
:30	:30	:30	:30
:45	:45	:45	:45
9	9	9	9
:15	:15	:15	:15
:30	:30	:30	:30
:45	:45	:45	:45
10	10	10	10
:15	:15	:15	:15
:30	:30	:30	:30
:45	:45	:45	:45
11	11	11	11
:15	:15	:15	:15
:30	:30	:30	:30
:45	:45	:45	:45
12	12	12	12
:15	:15	:15	:15
:30	:30	:30	:30
:45	:45	:45	:45
1	1	1	1
:15	:15	:15	:15
:30	:30	:30	:30
:45	:45	:45	:45
2	2	2	2
:15	:15	:15	:15
:30	:30	:30	:30
:45	:45	:45	:45
3	3	3	3
:15	:15	:15	:15
:30	:30	:30	:30
:45	:45	:45	:45
4	4	4	4
:15	:15	:15	:15
:30	:30	:30	:30
:45	:45	:45	:45
5	5	5	5
:15	:15	:15	:15
:30	:30	:30	:30
:45	:45	:45	:45
6	6	6	6
:15	:15	:15	:15
:30	:30	:30	:30
:45	:45	:45	:45
7	7	7	7
:15	:15	:15	:15
:30	:30	:30	:30
:45	:45	:45	:45
8	8	8	8
:15	:15	:15	:15
:30	:30	:30	:30
:45	:45	:45	:45

Name:	Name:	Name:	Name:
Date:	Date:	Date:	Date:
7	7	7	7
:15	:15	:15	:15
:30	:30	:30	:30
:45	:45	:45	:45
8	8	8	8
:15	:15	:15	:15
:30	:30	:30	:30
:45	:45	:45	:45
9	9	9	9
:15	:15	:15	:15
:30	:30	:30	:30
:45	:45	:45	:45
10	10	10	10
:15	:15	:15	:15
:30	:30	:30	:30
:45	:45	:45	:45
11	11	11	11
:15	:15	:15	:15
:30	:30	:30	:30
:45	:45	:45	:45
12	12	12	12
:15	:15	:15	:15
:30	:30	:30	:30
:45	:45	:45	:45
1	1	1	1
:15	:15	:15	:15
:30	:30	:30	:30
:45	:45	:45	:45
2	2	2	2
:15	:15	:15	:15
:30	:30	:30	:30
:45	:45	:45	:45
3	3	3	3
:15	:15	:15	:15
:30	:30	:30	:30
:45	:45	:45	:45
4	4	4	4
:15	:15	:15	:15
:30	:30	:30	:30
:45	:45	:45	:45
5	5	5	5
:15	:15	:15	:15
:30	:30	:30	:30
:45	:45	:45	:45
6	6	6	6
:15	:15	:15	:15
:30	:30	:30	:30
:45	:45	:45	:45
7	7	7	7
:15	:15	:15	:15
:30	:30	:30	:30
:45	:45	:45	:45
8	8	8	8
:15	:15	:15	:15
:30	:30	:30	:30
:45	:45	:45	:45

Name:	Name:	Name:	Name:
Date:	Date:	Date:	Date:
7	7	7	7
:15	:15	:15	:15
:30	:30	:30	:30
:45	:45	:45	:45
8	8	8	8
:15	:15	:15	:15
:30	:30	:30	:30
:45	:45	:45	:45
9	9	9	9
:15	:15	:15	:15
:30	:30	:30	:30
:45	:45	:45	:45
10	10	10	10
:15	:15	:15	:15
:30	:30	:30	:30
:45	:45	:45	:45
11	11	11	11
:15	:15	:15	:15
:30	:30	:30	:30
:45	:45	:45	:45
12	12	12	12
:15	:15	:15	:15
:30	:30	:30	:30
:45	:45	:45	:45
1	1	1	1
:15	:15	:15	:15
:30	:30	:30	:30
:45	:45	:45	:45
2	2	2	2
:15	:15	:15	:15
:30	:30	:30	:30
:45	:45	:45	:45
3	3	3	3
:15	:15	:15	:15
:30	:30	:30	:30
:45	:45	:45	:45
4	4	4	4
:15	:15	:15	:15
:30	:30	:30	:30
:45	:45	:45	:45
5	5	5	5
:15	:15	:15	:15
:30	:30	:30	:30
:45	:45	:45	:45
6	6	6	6
:15	:15	:15	:15
:30	:30	:30	:30
:45	:45	:45	:45
7	7	7	7
:15	:15	:15	:15
:30	:30	:30	:30
:45	:45	:45	:45
8	8	8	8
:15	:15	:15	:15
:30	:30	:30	:30
:45	:45	:45	:45

Name: Date:	Name: Date:	Name: Date:	Name: Date:
7 :15 :30 :45	7 :15 :30 :45	7 :15 :30 :45	7 :15 :30 :45
8 :15 :30 :45	8 :15 :30 :45	8 :15 :30 :45	8 :15 :30 :45
9 :15 :30 :45	9 :15 :30 :45	9 :15 :30 :45	9 :15 :30 :45
10 :15 :30 :45	10 :15 :30 :45	10 :15 :30 :45	10 :15 :30 :45
11 :15 :30 :45	11 :15 :30 :45	11 :15 :30 :45	11 :15 :30 :45
12 :15 :30 :45	12 :15 :30 :45	12 :15 :30 :45	12 :15 :30 :45
1 :15 :30 :45	1 :15 :30 :45	1 :15 :30 :45	1 :15 :30 :45
2 :15 :30 :45	2 :15 :30 :45	2 :15 :30 :45	2 :15 :30 :45
3 :15 :30 :45	3 :15 :30 :45	3 :15 :30 :45	3 :15 :30 :45
4 :15 :30 :45	4 :15 :30 :45	4 :15 :30 :45	4 :15 :30 :45
5 :15 :30 :45	5 :15 :30 :45	5 :15 :30 :45	5 :15 :30 :45
6 :15 :30 :45	6 :15 :30 :45	6 :15 :30 :45	6 :15 :30 :45
7 :15 :30 :45	7 :15 :30 :45	7 :15 :30 :45	7 :15 :30 :45
8 :15 :30 :45	8 :15 :30 :45	8 :15 :30 :45	8 :15 :30 :45

Name:	Name:	Name:	Name:
Date:	Date:	Date:	Date:
7	7	7	7
:15	:15	:15	:15
:30	:30	:30	:30
:45	:45	:45	:45
8	8	8	8
:15	:15	:15	:15
:30	:30	:30	:30
:45	:45	:45	:45
9	9	9	9
:15	:15	:15	:15
:30	:30	:30	:30
:45	:45	:45	:45
10	10	10	10
:15	:15	:15	:15
:30	:30	:30	:30
:45	:45	:45	:45
11	11	11	11
:15	:15	:15	:15
:30	:30	:30	:30
:45	:45	:45	:45
12	12	12	12
:15	:15	:15	:15
:30	:30	:30	:30
:45	:45	:45	:45
1	1	1	1
:15	:15	:15	:15
:30	:30	:30	:30
:45	:45	:45	:45
2	2	2	2
:15	:15	:15	:15
:30	:30	:30	:30
:45	:45	:45	:45
3	3	3	3
:15	:15	:15	:15
:30	:30	:30	:30
:45	:45	:45	:45
4	4	4	4
:15	:15	:15	:15
:30	:30	:30	:30
:45	:45	:45	:45
5	5	5	5
:15	:15	:15	:15
:30	:30	:30	:30
:45	:45	:45	:45
6	6	6	6
:15	:15	:15	:15
:30	:30	:30	:30
:45	:45	:45	:45
7	7	7	7
:15	:15	:15	:15
:30	:30	:30	:30
:45	:45	:45	:45
8	8	8	8
:15	:15	:15	:15
:30	:30	:30	:30
:45	:45	:45	:45

Name:	Name:	Name:	Name:
Date:	Date:	Date:	Date:
7	7	7	7
:15	:15	:15	:15
:30	:30	:30	:30
:45	:45	:45	:45
8	8	8	8
:15	:15	:15	:15
:30	:30	:30	:30
:45	:45	:45	:45
9	9	9	9
:15	:15	:15	:15
:30	:30	:30	:30
:45	:45	:45	:45
10	10	10	10
:15	:15	:15	:15
:30	:30	:30	:30
:45	:45	:45	:45
11	11	11	11
:15	:15	:15	:15
:30	:30	:30	:30
:45	:45	:45	:45
12	12	12	12
:15	:15	:15	:15
:30	:30	:30	:30
:45	:45	:45	:45
1	1	1	1
:15	:15	:15	:15
:30	:30	:30	:30
:45	:45	:45	:45
2	2	2	2
:15	:15	:15	:15
:30	:30	:30	:30
:45	:45	:45	:45
3	3	3	3
:15	:15	:15	:15
:30	:30	:30	:30
:45	:45	:45	:45
4	4	4	4
:15	:15	:15	:15
:30	:30	:30	:30
:45	:45	:45	:45
5	5	5	5
:15	:15	:15	:15
:30	:30	:30	:30
:45	:45	:45	:45
6	6	6	6
:15	:15	:15	:15
:30	:30	:30	:30
:45	:45	:45	:45
7	7	7	7
:15	:15	:15	:15
:30	:30	:30	:30
:45	:45	:45	:45
8	8	8	8
:15	:15	:15	:15
:30	:30	:30	:30
:45	:45	:45	:45

Name:	Name:	Name:	Name:
Date:	Date:	Date:	Date:
7	7	7	7
:15	:15	:15	:15
:30	:30	:30	:30
:45	:45	:45	:45
8	8	8	8
:15	:15	:15	:15
:30	:30	:30	:30
:45	:45	:45	:45
9	9	9	9
:15	:15	:15	:15
:30	:30	:30	:30
:45	:45	:45	:45
10	10	10	10
:15	:15	:15	:15
:30	:30	:30	:30
:45	:45	:45	:45
11	11	11	11
:15	:15	:15	:15
:30	:30	:30	:30
:45	:45	:45	:45
12	12	12	12
:15	:15	:15	:15
:30	:30	:30	:30
:45	:45	:45	:45
1	1	1	1
:15	:15	:15	:15
:30	:30	:30	:30
:45	:45	:45	:45
2	2	2	2
:15	:15	:15	:15
:30	:30	:30	:30
:45	:45	:45	:45
3	3	3	3
:15	:15	:15	:15
:30	:30	:30	:30
:45	:45	:45	:45
4	4	4	4
:15	:15	:15	:15
:30	:30	:30	:30
:45	:45	:45	:45
5	5	5	5
:15	:15	:15	:15
:30	:30	:30	:30
:45	:45	:45	:45
6	6	6	6
:15	:15	:15	:15
:30	:30	:30	:30
:45	:45	:45	:45
7	7	7	7
:15	:15	:15	:15
:30	:30	:30	:30
:45	:45	:45	:45
8	8	8	8
:15	:15	:15	:15
:30	:30	:30	:30
:45	:45	:45	:45

Name:	Name:	Name:	Name:
Date:	Date:	Date:	Date:
7	7	7	7
:15	:15	:15	:15
:30	:30	:30	:30
:45	:45	:45	:45
8	8	8	8
:15	:15	:15	:15
:30	:30	:30	:30
:45	:45	:45	:45
9	9	9	9
:15	:15	:15	:15
:30	:30	:30	:30
:45	:45	:45	:45
10	10	10	10
:15	:15	:15	:15
:30	:30	:30	:30
:45	:45	:45	:45
11	11	11	11
:15	:15	:15	:15
:30	:30	:30	:30
:45	:45	:45	:45
12	12	12	12
:15	:15	:15	:15
:30	:30	:30	:30
:45	:45	:45	:45
1	1	1	1
:15	:15	:15	:15
:30	:30	:30	:30
:45	:45	:45	:45
2	2	2	2
:15	:15	:15	:15
:30	:30	:30	:30
:45	:45	:45	:45
3	3	3	3
:15	:15	:15	:15
:30	:30	:30	:30
:45	:45	:45	:45
4	4	4	4
:15	:15	:15	:15
:30	:30	:30	:30
:45	:45	:45	:45
5	5	5	5
:15	:15	:15	:15
:30	:30	:30	:30
:45	:45	:45	:45
6	6	6	6
:15	:15	:15	:15
:30	:30	:30	:30
:45	:45	:45	:45
7	7	7	7
:15	:15	:15	:15
:30	:30	:30	:30
:45	:45	:45	:45
8	8	8	8
:15	:15	:15	:15
:30	:30	:30	:30
:45	:45	:45	:45

Name:	Name:	Name:	Name:
Date:	Date:	Date:	Date:

7	7	7	7
:15	:15	:15	:15
:30	:30	:30	:30
:45	:45	:45	:45
8	8	8	8
:15	:15	:15	:15
:30	:30	:30	:30
:45	:45	:45	:45
9	9	9	9
:15	:15	:15	:15
:30	:30	:30	:30
:45	:45	:45	:45
10	10	10	10
:15	:15	:15	:15
:30	:30	:30	:30
:45	:45	:45	:45
11	11	11	11
:15	:15	:15	:15
:30	:30	:30	:30
:45	:45	:45	:45
12	12	12	12
:15	:15	:15	:15
:30	:30	:30	:30
:45	:45	:45	:45
1	1	1	1
:15	:15	:15	:15
:30	:30	:30	:30
:45	:45	:45	:45
2	2	2	2
:15	:15	:15	:15
:30	:30	:30	:30
:45	:45	:45	:45
3	3	3	3
:15	:15	:15	:15
:30	:30	:30	:30
:45	:45	:45	:45
4	4	4	4
:15	:15	:15	:15
:30	:30	:30	:30
:45	:45	:45	:45
5	5	5	5
:15	:15	:15	:15
:30	:30	:30	:30
:45	:45	:45	:45
6	6	6	6
:15	:15	:15	:15
:30	:30	:30	:30
:45	:45	:45	:45
7	7	7	7
:15	:15	:15	:15
:30	:30	:30	:30
:45	:45	:45	:45
8	8	8	8
:15	:15	:15	:15
:30	:30	:30	:30
:45	:45	:45	:45

Name:	Name:	Name:	Name:
Date:	Date:	Date:	Date:
7	7	7	7
:15	:15	:15	:15
:30	:30	:30	:30
:45	:45	:45	:45
8	8	8	8
:15	:15	:15	:15
:30	:30	:30	:30
:45	:45	:45	:45
9	9	9	9
:15	:15	:15	:15
:30	:30	:30	:30
:45	:45	:45	:45
10	10	10	10
:15	:15	:15	:15
:30	:30	:30	:30
:45	:45	:45	:45
11	11	11	11
:15	:15	:15	:15
:30	:30	:30	:30
:45	:45	:45	:45
12	12	12	12
:15	:15	:15	:15
:30	:30	:30	:30
:45	:45	:45	:45
1	1	1	1
:15	:15	:15	:15
:30	:30	:30	:30
:45	:45	:45	:45
2	2	2	2
:15	:15	:15	:15
:30	:30	:30	:30
:45	:45	:45	:45
3	3	3	3
:15	:15	:15	:15
:30	:30	:30	:30
:45	:45	:45	:45
4	4	4	4
:15	:15	:15	:15
:30	:30	:30	:30
:45	:45	:45	:45
5	5	5	5
:15	:15	:15	:15
:30	:30	:30	:30
:45	:45	:45	:45
6	6	6	6
:15	:15	:15	:15
:30	:30	:30	:30
:45	:45	:45	:45
7	7	7	7
:15	:15	:15	:15
:30	:30	:30	:30
:45	:45	:45	:45
8	8	8	8
:15	:15	:15	:15
:30	:30	:30	:30
:45	:45	:45	:45

Name:	Name:	Name:	Name:
Date:	Date:	Date:	Date:
7	7	7	7
:15	:15	:15	:15
:30	:30	:30	:30
:45	:45	:45	:45
8	8	8	8
:15	:15	:15	:15
:30	:30	:30	:30
:45	:45	:45	:45
9	9	9	9
:15	:15	:15	:15
:30	:30	:30	:30
:45	:45	:45	:45
10	10	10	10
:15	:15	:15	:15
:30	:30	:30	:30
:45	:45	:45	:45
11	11	11	11
:15	:15	:15	:15
:30	:30	:30	:30
:45	:45	:45	:45
12	12	12	12
:15	:15	:15	:15
:30	:30	:30	:30
:45	:45	:45	:45
1	1	1	1
:15	:15	:15	:15
:30	:30	:30	:30
:45	:45	:45	:45
2	2	2	2
:15	:15	:15	:15
:30	:30	:30	:30
:45	:45	:45	:45
3	3	3	3
:15	:15	:15	:15
:30	:30	:30	:30
:45	:45	:45	:45
4	4	4	4
:15	:15	:15	:15
:30	:30	:30	:30
:45	:45	:45	:45
5	5	5	5
:15	:15	:15	:15
:30	:30	:30	:30
:45	:45	:45	:45
6	6	6	6
:15	:15	:15	:15
:30	:30	:30	:30
:45	:45	:45	:45
7	7	7	7
:15	:15	:15	:15
:30	:30	:30	:30
:45	:45	:45	:45
8	8	8	8
:15	:15	:15	:15
:30	:30	:30	:30
:45	:45	:45	:45

Name:	Name:	Name:	Name:
Date:	Date:	Date:	Date:
7	7	7	7
:15	:15	:15	:15
:30	:30	:30	:30
:45	:45	:45	:45
8	8	8	8
:15	:15	:15	:15
:30	:30	:30	:30
:45	:45	:45	:45
9	9	9	9
:15	:15	:15	:15
:30	:30	:30	:30
:45	:45	:45	:45
10	10	10	10
:15	:15	:15	:15
:30	:30	:30	:30
:45	:45	:45	:45
11	11	11	11
:15	:15	:15	:15
:30	:30	:30	:30
:45	:45	:45	:45
12	12	12	12
:15	:15	:15	:15
:30	:30	:30	:30
:45	:45	:45	:45
1	1	1	1
:15	:15	:15	:15
:30	:30	:30	:30
:45	:45	:45	:45
2	2	2	2
:15	:15	:15	:15
:30	:30	:30	:30
:45	:45	:45	:45
3	3	3	3
:15	:15	:15	:15
:30	:30	:30	:30
:45	:45	:45	:45
4	4	4	4
:15	:15	:15	:15
:30	:30	:30	:30
:45	:45	:45	:45
5	5	5	5
:15	:15	:15	:15
:30	:30	:30	:30
:45	:45	:45	:45
6	6	6	6
:15	:15	:15	:15
:30	:30	:30	:30
:45	:45	:45	:45
7	7	7	7
:15	:15	:15	:15
:30	:30	:30	:30
:45	:45	:45	:45
8	8	8	8
:15	:15	:15	:15
:30	:30	:30	:30
:45	:45	:45	:45

Name:	Name:	Name:	Name:
Date:	Date:	Date:	Date:
7	7	7	7
:15	:15	:15	:15
:30	:30	:30	:30
:45	:45	:45	:45
8	8	8	8
:15	:15	:15	:15
:30	:30	:30	:30
:45	:45	:45	:45
9	9	9	9
:15	:15	:15	:15
:30	:30	:30	:30
:45	:45	:45	:45
10	10	10	10
:15	:15	:15	:15
:30	:30	:30	:30
:45	:45	:45	:45
11	11	11	11
:15	:15	:15	:15
:30	:30	:30	:30
:45	:45	:45	:45
12	12	12	12
:15	:15	:15	:15
:30	:30	:30	:30
:45	:45	:45	:45
1	1	1	1
:15	:15	:15	:15
:30	:30	:30	:30
:45	:45	:45	:45
2	2	2	2
:15	:15	:15	:15
:30	:30	:30	:30
:45	:45	:45	:45
3	3	3	3
:15	:15	:15	:15
:30	:30	:30	:30
:45	:45	:45	:45
4	4	4	4
:15	:15	:15	:15
:30	:30	:30	:30
:45	:45	:45	:45
5	5	5	5
:15	:15	:15	:15
:30	:30	:30	:30
:45	:45	:45	:45
6	6	6	6
:15	:15	:15	:15
:30	:30	:30	:30
:45	:45	:45	:45
7	7	7	7
:15	:15	:15	:15
:30	:30	:30	:30
:45	:45	:45	:45
8	8	8	8
:15	:15	:15	:15
:30	:30	:30	:30
:45	:45	:45	:45

Name:	Name:	Name:	Name:
Date:	Date:	Date:	Date:
7	**7**	**7**	**7**
:15	:15	:15	:15
:30	:30	:30	:30
:45	:45	:45	:45
8	**8**	**8**	**8**
:15	:15	:15	:15
:30	:30	:30	:30
:45	:45	:45	:45
9	**9**	**9**	**9**
:15	:15	:15	:15
:30	:30	:30	:30
:45	:45	:45	:45
10	**10**	**10**	**10**
:15	:15	:15	:15
:30	:30	:30	:30
:45	:45	:45	:45
11	**11**	**11**	**11**
:15	:15	:15	:15
:30	:30	:30	:30
:45	:45	:45	:45
12	**12**	**12**	**12**
:15	:15	:15	:15
:30	:30	:30	:30
:45	:45	:45	:45
1	**1**	**1**	**1**
:15	:15	:15	:15
:30	:30	:30	:30
:45	:45	:45	:45
2	**2**	**2**	**2**
:15	:15	:15	:15
:30	:30	:30	:30
:45	:45	:45	:45
3	**3**	**3**	**3**
:15	:15	:15	:15
:30	:30	:30	:30
:45	:45	:45	:45
4	**4**	**4**	**4**
:15	:15	:15	:15
:30	:30	:30	:30
:45	:45	:45	:45
5	**5**	**5**	**5**
:15	:15	:15	:15
:30	:30	:30	:30
:45	:45	:45	:45
6	**6**	**6**	**6**
:15	:15	:15	:15
:30	:30	:30	:30
:45	:45	:45	:45
7	**7**	**7**	**7**
:15	:15	:15	:15
:30	:30	:30	:30
:45	:45	:45	:45
8	**8**	**8**	**8**
:15	:15	:15	:15
:30	:30	:30	:30
:45	:45	:45	:45

Name:	Name:	Name:	Name:
Date:	Date:	Date:	Date:
7	7	7	7
:15	:15	:15	:15
:30	:30	:30	:30
:45	:45	:45	:45
8	8	8	8
:15	:15	:15	:15
:30	:30	:30	:30
:45	:45	:45	:45
9	9	9	9
:15	:15	:15	:15
:30	:30	:30	:30
:45	:45	:45	:45
10	10	10	10
:15	:15	:15	:15
:30	:30	:30	:30
:45	:45	:45	:45
11	11	11	11
:15	:15	:15	:15
:30	:30	:30	:30
:45	:45	:45	:45
12	12	12	12
:15	:15	:15	:15
:30	:30	:30	:30
:45	:45	:45	:45
1	1	1	1
:15	:15	:15	:15
:30	:30	:30	:30
:45	:45	:45	:45
2	2	2	2
:15	:15	:15	:15
:30	:30	:30	:30
:45	:45	:45	:45
3	3	3	3
:15	:15	:15	:15
:30	:30	:30	:30
:45	:45	:45	:45
4	4	4	4
:15	:15	:15	:15
:30	:30	:30	:30
:45	:45	:45	:45
5	5	5	5
:15	:15	:15	:15
:30	:30	:30	:30
:45	:45	:45	:45
6	6	6	6
:15	:15	:15	:15
:30	:30	:30	:30
:45	:45	:45	:45
7	7	7	7
:15	:15	:15	:15
:30	:30	:30	:30
:45	:45	:45	:45
8	8	8	8
:15	:15	:15	:15
:30	:30	:30	:30
:45	:45	:45	:45

Name:	Name:	Name:	Name:
Date:	Date:	Date:	Date:

7	7	7	7
:15	:15	:15	:15
:30	:30	:30	:30
:45	:45	:45	:45
8	8	8	8
:15	:15	:15	:15
:30	:30	:30	:30
:45	:45	:45	:45
9	9	9	9
:15	:15	:15	:15
:30	:30	:30	:30
:45	:45	:45	:45
10	10	10	10
:15	:15	:15	:15
:30	:30	:30	:30
:45	:45	:45	:45
11	11	11	11
:15	:15	:15	:15
:30	:30	:30	:30
:45	:45	:45	:45
12	12	12	12
:15	:15	:15	:15
:30	:30	:30	:30
:45	:45	:45	:45
1	1	1	1
:15	:15	:15	:15
:30	:30	:30	:30
:45	:45	:45	:45
2	2	2	2
:15	:15	:15	:15
:30	:30	:30	:30
:45	:45	:45	:45
3	3	3	3
:15	:15	:15	:15
:30	:30	:30	:30
:45	:45	:45	:45
4	4	4	4
:15	:15	:15	:15
:30	:30	:30	:30
:45	:45	:45	:45
5	5	5	5
:15	:15	:15	:15
:30	:30	:30	:30
:45	:45	:45	:45
6	6	6	6
:15	:15	:15	:15
:30	:30	:30	:30
:45	:45	:45	:45
7	7	7	7
:15	:15	:15	:15
:30	:30	:30	:30
:45	:45	:45	:45
8	8	8	8
:15	:15	:15	:15
:30	:30	:30	:30
:45	:45	:45	:45

Name:	**Name:**	**Name:**	**Name:**
Date:	**Date:**	**Date:**	**Date:**
7	**7**	**7**	**7**
:15	:15	:15	:15
:30	:30	:30	:30
:45	:45	:45	:45
8	**8**	**8**	**8**
:15	:15	:15	:15
:30	:30	:30	:30
:45	:45	:45	:45
9	**9**	**9**	**9**
:15	:15	:15	:15
:30	:30	:30	:30
:45	:45	:45	:45
10	**10**	**10**	**10**
:15	:15	:15	:15
:30	:30	:30	:30
:45	:45	:45	:45
11	**11**	**11**	**11**
:15	:15	:15	:15
:30	:30	:30	:30
:45	:45	:45	:45
12	**12**	**12**	**12**
:15	:15	:15	:15
:30	:30	:30	:30
:45	:45	:45	:45
1	**1**	**1**	**1**
:15	:15	:15	:15
:30	:30	:30	:30
:45	:45	:45	:45
2	**2**	**2**	**2**
:15	:15	:15	:15
:30	:30	:30	:30
:45	:45	:45	:45
3	**3**	**3**	**3**
:15	:15	:15	:15
:30	:30	:30	:30
:45	:45	:45	:45
4	**4**	**4**	**4**
:15	:15	:15	:15
:30	:30	:30	:30
:45	:45	:45	:45
5	**5**	**5**	**5**
:15	:15	:15	:15
:30	:30	:30	:30
:45	:45	:45	:45
6	**6**	**6**	**6**
:15	:15	:15	:15
:30	:30	:30	:30
:45	:45	:45	:45
7	**7**	**7**	**7**
:15	:15	:15	:15
:30	:30	:30	:30
:45	:45	:45	:45
8	**8**	**8**	**8**
:15	:15	:15	:15
:30	:30	:30	:30
:45	:45	:45	:45

Name:	Name:	Name:	Name:
Date:	Date:	Date:	Date:
7	7	7	7
:15	:15	:15	:15
:30	:30	:30	:30
:45	:45	:45	:45
8	8	8	8
:15	:15	:15	:15
:30	:30	:30	:30
:45	:45	:45	:45
9	9	9	9
:15	:15	:15	:15
:30	:30	:30	:30
:45	:45	:45	:45
10	10	10	10
:15	:15	:15	:15
:30	:30	:30	:30
:45	:45	:45	:45
11	11	11	11
:15	:15	:15	:15
:30	:30	:30	:30
:45	:45	:45	:45
12	12	12	12
:15	:15	:15	:15
:30	:30	:30	:30
:45	:45	:45	:45
1	1	1	1
:15	:15	:15	:15
:30	:30	:30	:30
:45	:45	:45	:45
2	2	2	2
:15	:15	:15	:15
:30	:30	:30	:30
:45	:45	:45	:45
3	3	3	3
:15	:15	:15	:15
:30	:30	:30	:30
:45	:45	:45	:45
4	4	4	4
:15	:15	:15	:15
:30	:30	:30	:30
:45	:45	:45	:45
5	5	5	5
:15	:15	:15	:15
:30	:30	:30	:30
:45	:45	:45	:45
6	6	6	6
:15	:15	:15	:15
:30	:30	:30	:30
:45	:45	:45	:45
7	7	7	7
:15	:15	:15	:15
:30	:30	:30	:30
:45	:45	:45	:45
8	8	8	8
:15	:15	:15	:15
:30	:30	:30	:30
:45	:45	:45	:45

Name:	Name:	Name:	Name:
Date:	Date:	Date:	Date:
7	7	7	7
:15	:15	:15	:15
:30	:30	:30	:30
:45	:45	:45	:45
8	8	8	8
:15	:15	:15	:15
:30	:30	:30	:30
:45	:45	:45	:45
9	9	9	9
:15	:15	:15	:15
:30	:30	:30	:30
:45	:45	:45	:45
10	10	10	10
:15	:15	:15	:15
:30	:30	:30	:30
:45	:45	:45	:45
11	11	11	11
:15	:15	:15	:15
:30	:30	:30	:30
:45	:45	:45	:45
12	12	12	12
:15	:15	:15	:15
:30	:30	:30	:30
:45	:45	:45	:45
1	1	1	1
:15	:15	:15	:15
:30	:30	:30	:30
:45	:45	:45	:45
2	2	2	2
:15	:15	:15	:15
:30	:30	:30	:30
:45	:45	:45	:45
3	3	3	3
:15	:15	:15	:15
:30	:30	:30	:30
:45	:45	:45	:45
4	4	4	4
:15	:15	:15	:15
:30	:30	:30	:30
:45	:45	:45	:45
5	5	5	5
:15	:15	:15	:15
:30	:30	:30	:30
:45	:45	:45	:45
6	6	6	6
:15	:15	:15	:15
:30	:30	:30	:30
:45	:45	:45	:45
7	7	7	7
:15	:15	:15	:15
:30	:30	:30	:30
:45	:45	:45	:45
8	8	8	8
:15	:15	:15	:15
:30	:30	:30	:30
:45	:45	:45	:45

Name: Date:	Name: Date:	Name: Date:	Name: Date:
7 :15 :30 :45	7 :15 :30 :45	7 :15 :30 :45	7 :15 :30 :45
8 :15 :30 :45	8 :15 :30 :45	8 :15 :30 :45	8 :15 :30 :45
9 :15 :30 :45	9 :15 :30 :45	9 :15 :30 :45	9 :15 :30 :45
10 :15 :30 :45	10 :15 :30 :45	10 :15 :30 :45	10 :15 :30 :45
11 :15 :30 :45	11 :15 :30 :45	11 :15 :30 :45	11 :15 :30 :45
12 :15 :30 :45	12 :15 :30 :45	12 :15 :30 :45	12 :15 :30 :45
1 :15 :30 :45	1 :15 :30 :45	1 :15 :30 :45	1 :15 :30 :45
2 :15 :30 :45	2 :15 :30 :45	2 :15 :30 :45	2 :15 :30 :45
3 :15 :30 :45	3 :15 :30 :45	3 :15 :30 :45	3 :15 :30 :45
4 :15 :30 :45	4 :15 :30 :45	4 :15 :30 :45	4 :15 :30 :45
5 :15 :30 :45	5 :15 :30 :45	5 :15 :30 :45	5 :15 :30 :45
6 :15 :30 :45	6 :15 :30 :45	6 :15 :30 :45	6 :15 :30 :45
7 :15 :30 :45	7 :15 :30 :45	7 :15 :30 :45	7 :15 :30 :45
8 :15 :30 :45	8 :15 :30 :45	8 :15 :30 :45	8 :15 :30 :45

Name:	Name:	Name:	Name:
Date:	Date:	Date:	Date:
7	7	7	7
:15	:15	:15	:15
:30	:30	:30	:30
:45	:45	:45	:45
8	8	8	8
:15	:15	:15	:15
:30	:30	:30	:30
:45	:45	:45	:45
9	9	9	9
:15	:15	:15	:15
:30	:30	:30	:30
:45	:45	:45	:45
10	10	10	10
:15	:15	:15	:15
:30	:30	:30	:30
:45	:45	:45	:45
11	11	11	11
:15	:15	:15	:15
:30	:30	:30	:30
:45	:45	:45	:45
12	12	12	12
:15	:15	:15	:15
:30	:30	:30	:30
:45	:45	:45	:45
1	1	1	1
:15	:15	:15	:15
:30	:30	:30	:30
:45	:45	:45	:45
2	2	2	2
:15	:15	:15	:15
:30	:30	:30	:30
:45	:45	:45	:45
3	3	3	3
:15	:15	:15	:15
:30	:30	:30	:30
:45	:45	:45	:45
4	4	4	4
:15	:15	:15	:15
:30	:30	:30	:30
:45	:45	:45	:45
5	5	5	5
:15	:15	:15	:15
:30	:30	:30	:30
:45	:45	:45	:45
6	6	6	6
:15	:15	:15	:15
:30	:30	:30	:30
:45	:45	:45	:45
7	7	7	7
:15	:15	:15	:15
:30	:30	:30	:30
:45	:45	:45	:45
8	8	8	8
:15	:15	:15	:15
:30	:30	:30	:30
:45	:45	:45	:45

Name:	Name:	Name:	Name:
Date:	Date:	Date:	Date:
7	7	7	7
:15	:15	:15	:15
:30	:30	:30	:30
:45	:45	:45	:45
8	8	8	8
:15	:15	:15	:15
:30	:30	:30	:30
:45	:45	:45	:45
9	9	9	9
:15	:15	:15	:15
:30	:30	:30	:30
:45	:45	:45	:45
10	10	10	10
:15	:15	:15	:15
:30	:30	:30	:30
:45	:45	:45	:45
11	11	11	11
:15	:15	:15	:15
:30	:30	:30	:30
:45	:45	:45	:45
12	12	12	12
:15	:15	:15	:15
:30	:30	:30	:30
:45	:45	:45	:45
1	1	1	1
:15	:15	:15	:15
:30	:30	:30	:30
:45	:45	:45	:45
2	2	2	2
:15	:15	:15	:15
:30	:30	:30	:30
:45	:45	:45	:45
3	3	3	3
:15	:15	:15	:15
:30	:30	:30	:30
:45	:45	:45	:45
4	4	4	4
:15	:15	:15	:15
:30	:30	:30	:30
:45	:45	:45	:45
5	5	5	5
:15	:15	:15	:15
:30	:30	:30	:30
:45	:45	:45	:45
6	6	6	6
:15	:15	:15	:15
:30	:30	:30	:30
:45	:45	:45	:45
7	7	7	7
:15	:15	:15	:15
:30	:30	:30	:30
:45	:45	:45	:45
8	8	8	8
:15	:15	:15	:15
:30	:30	:30	:30
:45	:45	:45	:45

Name:	Name:	Name:	Name:
Date:	Date:	Date:	Date:
7	7	7	7
:15	:15	:15	:15
:30	:30	:30	:30
:45	:45	:45	:45
8	8	8	8
:15	:15	:15	:15
:30	:30	:30	:30
:45	:45	:45	:45
9	9	9	9
:15	:15	:15	:15
:30	:30	:30	:30
:45	:45	:45	:45
10	10	10	10
:15	:15	:15	:15
:30	:30	:30	:30
:45	:45	:45	:45
11	11	11	11
:15	:15	:15	:15
:30	:30	:30	:30
:45	:45	:45	:45
12	12	12	12
:15	:15	:15	:15
:30	:30	:30	:30
:45	:45	:45	:45
1	1	1	1
:15	:15	:15	:15
:30	:30	:30	:30
:45	:45	:45	:45
2	2	2	2
:15	:15	:15	:15
:30	:30	:30	:30
:45	:45	:45	:45
3	3	3	3
:15	:15	:15	:15
:30	:30	:30	:30
:45	:45	:45	:45
4	4	4	4
:15	:15	:15	:15
:30	:30	:30	:30
:45	:45	:45	:45
5	5	5	5
:15	:15	:15	:15
:30	:30	:30	:30
:45	:45	:45	:45
6	6	6	6
:15	:15	:15	:15
:30	:30	:30	:30
:45	:45	:45	:45
7	7	7	7
:15	:15	:15	:15
:30	:30	:30	:30
:45	:45	:45	:45
8	8	8	8
:15	:15	:15	:15
:30	:30	:30	:30
:45	:45	:45	:45

Name:	**Name:**	**Name:**	**Name:**
Date:	**Date:**	**Date:**	**Date:**
7	**7**	**7**	**7**
:15	:15	:15	:15
:30	:30	:30	:30
:45	:45	:45	:45
8	**8**	**8**	**8**
:15	:15	:15	:15
:30	:30	:30	:30
:45	:45	:45	:45
9	**9**	**9**	**9**
:15	:15	:15	:15
:30	:30	:30	:30
:45	:45	:45	:45
10	**10**	**10**	**10**
:15	:15	:15	:15
:30	:30	:30	:30
:45	:45	:45	:45
11	**11**	**11**	**11**
:15	:15	:15	:15
:30	:30	:30	:30
:45	:45	:45	:45
12	**12**	**12**	**12**
:15	:15	:15	:15
:30	:30	:30	:30
:45	:45	:45	:45
1	**1**	**1**	**1**
:15	:15	:15	:15
:30	:30	:30	:30
:45	:45	:45	:45
2	**2**	**2**	**2**
:15	:15	:15	:15
:30	:30	:30	:30
:45	:45	:45	:45
3	**3**	**3**	**3**
:15	:15	:15	:15
:30	:30	:30	:30
:45	:45	:45	:45
4	**4**	**4**	**4**
:15	:15	:15	:15
:30	:30	:30	:30
:45	:45	:45	:45
5	**5**	**5**	**5**
:15	:15	:15	:15
:30	:30	:30	:30
:45	:45	:45	:45
6	**6**	**6**	**6**
:15	:15	:15	:15
:30	:30	:30	:30
:45	:45	:45	:45
7	**7**	**7**	**7**
:15	:15	:15	:15
:30	:30	:30	:30
:45	:45	:45	:45
8	**8**	**8**	**8**
:15	:15	:15	:15
:30	:30	:30	:30
:45	:45	:45	:45

Name:	Name:	Name:	Name:
Date:	Date:	Date:	Date:
7	7	7	7
:15	:15	:15	:15
:30	:30	:30	:30
:45	:45	:45	:45
8	8	8	8
:15	:15	:15	:15
:30	:30	:30	:30
:45	:45	:45	:45
9	9	9	9
:15	:15	:15	:15
:30	:30	:30	:30
:45	:45	:45	:45
10	10	10	10
:15	:15	:15	:15
:30	:30	:30	:30
:45	:45	:45	:45
11	11	11	11
:15	:15	:15	:15
:30	:30	:30	:30
:45	:45	:45	:45
12	12	12	12
:15	:15	:15	:15
:30	:30	:30	:30
:45	:45	:45	:45
1	1	1	1
:15	:15	:15	:15
:30	:30	:30	:30
:45	:45	:45	:45
2	2	2	2
:15	:15	:15	:15
:30	:30	:30	:30
:45	:45	:45	:45
3	3	3	3
:15	:15	:15	:15
:30	:30	:30	:30
:45	:45	:45	:45
4	4	4	4
:15	:15	:15	:15
:30	:30	:30	:30
:45	:45	:45	:45
5	5	5	5
:15	:15	:15	:15
:30	:30	:30	:30
:45	:45	:45	:45
6	6	6	6
:15	:15	:15	:15
:30	:30	:30	:30
:45	:45	:45	:45
7	7	7	7
:15	:15	:15	:15
:30	:30	:30	:30
:45	:45	:45	:45
8	8	8	8
:15	:15	:15	:15
:30	:30	:30	:30
:45	:45	:45	:45

Name:	Name:	Name:	Name:
Date:	Date:	Date:	Date:
7	7	7	7
:15	:15	:15	:15
:30	:30	:30	:30
:45	:45	:45	:45
8	8	8	8
:15	:15	:15	:15
:30	:30	:30	:30
:45	:45	:45	:45
9	9	9	9
:15	:15	:15	:15
:30	:30	:30	:30
:45	:45	:45	:45
10	10	10	10
:15	:15	:15	:15
:30	:30	:30	:30
:45	:45	:45	:45
11	11	11	11
:15	:15	:15	:15
:30	:30	:30	:30
:45	:45	:45	:45
12	12	12	12
:15	:15	:15	:15
:30	:30	:30	:30
:45	:45	:45	:45
1	1	1	1
:15	:15	:15	:15
:30	:30	:30	:30
:45	:45	:45	:45
2	2	2	2
:15	:15	:15	:15
:30	:30	:30	:30
:45	:45	:45	:45
3	3	3	3
:15	:15	:15	:15
:30	:30	:30	:30
:45	:45	:45	:45
4	4	4	4
:15	:15	:15	:15
:30	:30	:30	:30
:45	:45	:45	:45
5	5	5	5
:15	:15	:15	:15
:30	:30	:30	:30
:45	:45	:45	:45
6	6	6	6
:15	:15	:15	:15
:30	:30	:30	:30
:45	:45	:45	:45
7	7	7	7
:15	:15	:15	:15
:30	:30	:30	:30
:45	:45	:45	:45
8	8	8	8
:15	:15	:15	:15
:30	:30	:30	:30
:45	:45	:45	:45

Name:	Name:	Name:	Name:
Date:	Date:	Date:	Date:
7	7	7	7
:15	:15	:15	:15
:30	:30	:30	:30
:45	:45	:45	:45
8	8	8	8
:15	:15	:15	:15
:30	:30	:30	:30
:45	:45	:45	:45
9	9	9	9
:15	:15	:15	:15
:30	:30	:30	:30
:45	:45	:45	:45
10	10	10	10
:15	:15	:15	:15
:30	:30	:30	:30
:45	:45	:45	:45
11	11	11	11
:15	:15	:15	:15
:30	:30	:30	:30
:45	:45	:45	:45
12	12	12	12
:15	:15	:15	:15
:30	:30	:30	:30
:45	:45	:45	:45
1	1	1	1
:15	:15	:15	:15
:30	:30	:30	:30
:45	:45	:45	:45
2	2	2	2
:15	:15	:15	:15
:30	:30	:30	:30
:45	:45	:45	:45
3	3	3	3
:15	:15	:15	:15
:30	:30	:30	:30
:45	:45	:45	:45
4	4	4	4
:15	:15	:15	:15
:30	:30	:30	:30
:45	:45	:45	:45
5	5	5	5
:15	:15	:15	:15
:30	:30	:30	:30
:45	:45	:45	:45
6	6	6	6
:15	:15	:15	:15
:30	:30	:30	:30
:45	:45	:45	:45
7	7	7	7
:15	:15	:15	:15
:30	:30	:30	:30
:45	:45	:45	:45
8	8	8	8
:15	:15	:15	:15
:30	:30	:30	:30
:45	:45	:45	:45

Name:	**Name:**	**Name:**	**Name:**
Date:	**Date:**	**Date:**	**Date:**
7	7	7	7
:15	:15	:15	:15
:30	:30	:30	:30
:45	:45	:45	:45
8	8	8	8
:15	:15	:15	:15
:30	:30	:30	:30
:45	:45	:45	:45
9	9	9	9
:15	:15	:15	:15
:30	:30	:30	:30
:45	:45	:45	:45
10	10	10	10
:15	:15	:15	:15
:30	:30	:30	:30
:45	:45	:45	:45
11	11	11	11
:15	:15	:15	:15
:30	:30	:30	:30
:45	:45	:45	:45
12	12	12	12
:15	:15	:15	:15
:30	:30	:30	:30
:45	:45	:45	:45
1	1	1	1
:15	:15	:15	:15
:30	:30	:30	:30
:45	:45	:45	:45
2	2	2	2
:15	:15	:15	:15
:30	:30	:30	:30
:45	:45	:45	:45
3	3	3	3
:15	:15	:15	:15
:30	:30	:30	:30
:45	:45	:45	:45
4	4	4	4
:15	:15	:15	:15
:30	:30	:30	:30
:45	:45	:45	:45
5	5	5	5
:15	:15	:15	:15
:30	:30	:30	:30
:45	:45	:45	:45
6	6	6	6
:15	:15	:15	:15
:30	:30	:30	:30
:45	:45	:45	:45
7	7	7	7
:15	:15	:15	:15
:30	:30	:30	:30
:45	:45	:45	:45
8	8	8	8
:15	:15	:15	:15
:30	:30	:30	:30
:45	:45	:45	:45

Name:	Name:	Name:	Name:
Date:	Date:	Date:	Date:
7	7	7	7
:15	:15	:15	:15
:30	:30	:30	:30
:45	:45	:45	:45
8	8	8	8
:15	:15	:15	:15
:30	:30	:30	:30
:45	:45	:45	:45
9	9	9	9
:15	:15	:15	:15
:30	:30	:30	:30
:45	:45	:45	:45
10	10	10	10
:15	:15	:15	:15
:30	:30	:30	:30
:45	:45	:45	:45
11	11	11	11
:15	:15	:15	:15
:30	:30	:30	:30
:45	:45	:45	:45
12	12	12	12
:15	:15	:15	:15
:30	:30	:30	:30
:45	:45	:45	:45
1	1	1	1
:15	:15	:15	:15
:30	:30	:30	:30
:45	:45	:45	:45
2	2	2	2
:15	:15	:15	:15
:30	:30	:30	:30
:45	:45	:45	:45
3	3	3	3
:15	:15	:15	:15
:30	:30	:30	:30
:45	:45	:45	:45
4	4	4	4
:15	:15	:15	:15
:30	:30	:30	:30
:45	:45	:45	:45
5	5	5	5
:15	:15	:15	:15
:30	:30	:30	:30
:45	:45	:45	:45
6	6	6	6
:15	:15	:15	:15
:30	:30	:30	:30
:45	:45	:45	:45
7	7	7	7
:15	:15	:15	:15
:30	:30	:30	:30
:45	:45	:45	:45
8	8	8	8
:15	:15	:15	:15
:30	:30	:30	:30
:45	:45	:45	:45

Name:	Name:	Name:	Name:
Date:	Date:	Date:	Date:
7	7	7	7
:15	:15	:15	:15
:30	:30	:30	:30
:45	:45	:45	:45
8	8	8	8
:15	:15	:15	:15
:30	:30	:30	:30
:45	:45	:45	:45
9	9	9	9
:15	:15	:15	:15
:30	:30	:30	:30
:45	:45	:45	:45
10	10	10	10
:15	:15	:15	:15
:30	:30	:30	:30
:45	:45	:45	:45
11	11	11	11
:15	:15	:15	:15
:30	:30	:30	:30
:45	:45	:45	:45
12	12	12	12
:15	:15	:15	:15
:30	:30	:30	:30
:45	:45	:45	:45
1	1	1	1
:15	:15	:15	:15
:30	:30	:30	:30
:45	:45	:45	:45
2	2	2	2
:15	:15	:15	:15
:30	:30	:30	:30
:45	:45	:45	:45
3	3	3	3
:15	:15	:15	:15
:30	:30	:30	:30
:45	:45	:45	:45
4	4	4	4
:15	:15	:15	:15
:30	:30	:30	:30
:45	:45	:45	:45
5	5	5	5
:15	:15	:15	:15
:30	:30	:30	:30
:45	:45	:45	:45
6	6	6	6
:15	:15	:15	:15
:30	:30	:30	:30
:45	:45	:45	:45
7	7	7	7
:15	:15	:15	:15
:30	:30	:30	:30
:45	:45	:45	:45
8	8	8	8
:15	:15	:15	:15
:30	:30	:30	:30
:45	:45	:45	:45

Name:	Name:	Name:	Name:
Date:	Date:	Date:	Date:
7	7	7	7
:15	:15	:15	:15
:30	:30	:30	:30
:45	:45	:45	:45
8	8	8	8
:15	:15	:15	:15
:30	:30	:30	:30
:45	:45	:45	:45
9	9	9	9
:15	:15	:15	:15
:30	:30	:30	:30
:45	:45	:45	:45
10	10	10	10
:15	:15	:15	:15
:30	:30	:30	:30
:45	:45	:45	:45
11	11	11	11
:15	:15	:15	:15
:30	:30	:30	:30
:45	:45	:45	:45
12	12	12	12
:15	:15	:15	:15
:30	:30	:30	:30
:45	:45	:45	:45
1	1	1	1
:15	:15	:15	:15
:30	:30	:30	:30
:45	:45	:45	:45
2	2	2	2
:15	:15	:15	:15
:30	:30	:30	:30
:45	:45	:45	:45
3	3	3	3
:15	:15	:15	:15
:30	:30	:30	:30
:45	:45	:45	:45
4	4	4	4
:15	:15	:15	:15
:30	:30	:30	:30
:45	:45	:45	:45
5	5	5	5
:15	:15	:15	:15
:30	:30	:30	:30
:45	:45	:45	:45
6	6	6	6
:15	:15	:15	:15
:30	:30	:30	:30
:45	:45	:45	:45
7	7	7	7
:15	:15	:15	:15
:30	:30	:30	:30
:45	:45	:45	:45
8	8	8	8
:15	:15	:15	:15
:30	:30	:30	:30
:45	:45	:45	:45

Name:	Name:	Name:	Name:
Date:	Date:	Date:	Date:

7	7	7	7
:15	:15	:15	:15
:30	:30	:30	:30
:45	:45	:45	:45
8	8	8	8
:15	:15	:15	:15
:30	:30	:30	:30
:45	:45	:45	:45
9	9	9	9
:15	:15	:15	:15
:30	:30	:30	:30
:45	:45	:45	:45
10	10	10	10
:15	:15	:15	:15
:30	:30	:30	:30
:45	:45	:45	:45
11	11	11	11
:15	:15	:15	:15
:30	:30	:30	:30
:45	:45	:45	:45
12	12	12	12
:15	:15	:15	:15
:30	:30	:30	:30
:45	:45	:45	:45
1	1	1	1
:15	:15	:15	:15
:30	:30	:30	:30
:45	:45	:45	:45
2	2	2	2
:15	:15	:15	:15
:30	:30	:30	:30
:45	:45	:45	:45
3	3	3	3
:15	:15	:15	:15
:30	:30	:30	:30
:45	:45	:45	:45
4	4	4	4
:15	:15	:15	:15
:30	:30	:30	:30
:45	:45	:45	:45
5	5	5	5
:15	:15	:15	:15
:30	:30	:30	:30
:45	:45	:45	:45
6	6	6	6
:15	:15	:15	:15
:30	:30	:30	:30
:45	:45	:45	:45
7	7	7	7
:15	:15	:15	:15
:30	:30	:30	:30
:45	:45	:45	:45
8	8	8	8
:15	:15	:15	:15
:30	:30	:30	:30
:45	:45	:45	:45

Name:	**Name:**	**Name:**	**Name:**
Date:	**Date:**	**Date:**	**Date:**
7	**7**	**7**	**7**
:15	:15	:15	:15
:30	:30	:30	:30
:45	:45	:45	:45
8	**8**	**8**	**8**
:15	:15	:15	:15
:30	:30	:30	:30
:45	:45	:45	:45
9	**9**	**9**	**9**
:15	:15	:15	:15
:30	:30	:30	:30
:45	:45	:45	:45
10	**10**	**10**	**10**
:15	:15	:15	:15
:30	:30	:30	:30
:45	:45	:45	:45
11	**11**	**11**	**11**
:15	:15	:15	:15
:30	:30	:30	:30
:45	:45	:45	:45
12	**12**	**12**	**12**
:15	:15	:15	:15
:30	:30	:30	:30
:45	:45	:45	:45
1	**1**	**1**	**1**
:15	:15	:15	:15
:30	:30	:30	:30
:45	:45	:45	:45
2	**2**	**2**	**2**
:15	:15	:15	:15
:30	:30	:30	:30
:45	:45	:45	:45
3	**3**	**3**	**3**
:15	:15	:15	:15
:30	:30	:30	:30
:45	:45	:45	:45
4	**4**	**4**	**4**
:15	:15	:15	:15
:30	:30	:30	:30
:45	:45	:45	:45
5	**5**	**5**	**5**
:15	:15	:15	:15
:30	:30	:30	:30
:45	:45	:45	:45
6	**6**	**6**	**6**
:15	:15	:15	:15
:30	:30	:30	:30
:45	:45	:45	:45
7	**7**	**7**	**7**
:15	:15	:15	:15
:30	:30	:30	:30
:45	:45	:45	:45
8	**8**	**8**	**8**
:15	:15	:15	:15
:30	:30	:30	:30
:45	:45	:45	:45

Name:	Name:	Name:	Name:
Date:	Date:	Date:	Date:
7	7	7	7
:15	:15	:15	:15
:30	:30	:30	:30
:45	:45	:45	:45
8	8	8	8
:15	:15	:15	:15
:30	:30	:30	:30
:45	:45	:45	:45
9	9	9	9
:15	:15	:15	:15
:30	:30	:30	:30
:45	:45	:45	:45
10	10	10	10
:15	:15	:15	:15
:30	:30	:30	:30
:45	:45	:45	:45
11	11	11	11
:15	:15	:15	:15
:30	:30	:30	:30
:45	:45	:45	:45
12	12	12	12
:15	:15	:15	:15
:30	:30	:30	:30
:45	:45	:45	:45
1	1	1	1
:15	:15	:15	:15
:30	:30	:30	:30
:45	:45	:45	:45
2	2	2	2
:15	:15	:15	:15
:30	:30	:30	:30
:45	:45	:45	:45
3	3	3	3
:15	:15	:15	:15
:30	:30	:30	:30
:45	:45	:45	:45
4	4	4	4
:15	:15	:15	:15
:30	:30	:30	:30
:45	:45	:45	:45
5	5	5	5
:15	:15	:15	:15
:30	:30	:30	:30
:45	:45	:45	:45
6	6	6	6
:15	:15	:15	:15
:30	:30	:30	:30
:45	:45	:45	:45
7	7	7	7
:15	:15	:15	:15
:30	:30	:30	:30
:45	:45	:45	:45
8	8	8	8
:15	:15	:15	:15
:30	:30	:30	:30
:45	:45	:45	:45

Name:	Name:	Name:	Name:
Date:	Date:	Date:	Date:
7	7	7	7
:15	:15	:15	:15
:30	:30	:30	:30
:45	:45	:45	:45
8	8	8	8
:15	:15	:15	:15
:30	:30	:30	:30
:45	:45	:45	:45
9	9	9	9
:15	:15	:15	:15
:30	:30	:30	:30
:45	:45	:45	:45
10	10	10	10
:15	:15	:15	:15
:30	:30	:30	:30
:45	:45	:45	:45
11	11	11	11
:15	:15	:15	:15
:30	:30	:30	:30
:45	:45	:45	:45
12	12	12	12
:15	:15	:15	:15
:30	:30	:30	:30
:45	:45	:45	:45
1	1	1	1
:15	:15	:15	:15
:30	:30	:30	:30
:45	:45	:45	:45
2	2	2	2
:15	:15	:15	:15
:30	:30	:30	:30
:45	:45	:45	:45
3	3	3	3
:15	:15	:15	:15
:30	:30	:30	:30
:45	:45	:45	:45
4	4	4	4
:15	:15	:15	:15
:30	:30	:30	:30
:45	:45	:45	:45
5	5	5	5
:15	:15	:15	:15
:30	:30	:30	:30
:45	:45	:45	:45
6	6	6	6
:15	:15	:15	:15
:30	:30	:30	:30
:45	:45	:45	:45
7	7	7	7
:15	:15	:15	:15
:30	:30	:30	:30
:45	:45	:45	:45
8	8	8	8
:15	:15	:15	:15
:30	:30	:30	:30
:45	:45	:45	:45

Name: Date:	Name: Date:	Name: Date:	Name: Date:
7 :15 :30 :45	7 :15 :30 :45	7 :15 :30 :45	7 :15 :30 :45
8 :15 :30 :45	8 :15 :30 :45	8 :15 :30 :45	8 :15 :30 :45
9 :15 :30 :45	9 :15 :30 :45	9 :15 :30 :45	9 :15 :30 :45
10 :15 :30 :45	10 :15 :30 :45	10 :15 :30 :45	10 :15 :30 :45
11 :15 :30 :45	11 :15 :30 :45	11 :15 :30 :45	11 :15 :30 :45
12 :15 :30 :45	12 :15 :30 :45	12 :15 :30 :45	12 :15 :30 :45
1 :15 :30 :45	1 :15 :30 :45	1 :15 :30 :45	1 :15 :30 :45
2 :15 :30 :45	2 :15 :30 :45	2 :15 :30 :45	2 :15 :30 :45
3 :15 :30 :45	3 :15 :30 :45	3 :15 :30 :45	3 :15 :30 :45
4 :15 :30 :45	4 :15 :30 :45	4 :15 :30 :45	4 :15 :30 :45
5 :15 :30 :45	5 :15 :30 :45	5 :15 :30 :45	5 :15 :30 :45
6 :15 :30 :45	6 :15 :30 :45	6 :15 :30 :45	6 :15 :30 :45
7 :15 :30 :45	7 :15 :30 :45	7 :15 :30 :45	7 :15 :30 :45
8 :15 :30 :45	8 :15 :30 :45	8 :15 :30 :45	8 :15 :30 :45

Name:	Name:	Name:	Name:
Date:	Date:	Date:	Date:
7	7	7	7
:15	:15	:15	:15
:30	:30	:30	:30
:45	:45	:45	:45
8	8	8	8
:15	:15	:15	:15
:30	:30	:30	:30
:45	:45	:45	:45
9	9	9	9
:15	:15	:15	:15
:30	:30	:30	:30
:45	:45	:45	:45
10	10	10	10
:15	:15	:15	:15
:30	:30	:30	:30
:45	:45	:45	:45
11	11	11	11
:15	:15	:15	:15
:30	:30	:30	:30
:45	:45	:45	:45
12	12	12	12
:15	:15	:15	:15
:30	:30	:30	:30
:45	:45	:45	:45
1	1	1	1
:15	:15	:15	:15
:30	:30	:30	:30
:45	:45	:45	:45
2	2	2	2
:15	:15	:15	:15
:30	:30	:30	:30
:45	:45	:45	:45
3	3	3	3
:15	:15	:15	:15
:30	:30	:30	:30
:45	:45	:45	:45
4	4	4	4
:15	:15	:15	:15
:30	:30	:30	:30
:45	:45	:45	:45
5	5	5	5
:15	:15	:15	:15
:30	:30	:30	:30
:45	:45	:45	:45
6	6	6	6
:15	:15	:15	:15
:30	:30	:30	:30
:45	:45	:45	:45
7	7	7	7
:15	:15	:15	:15
:30	:30	:30	:30
:45	:45	:45	:45
8	8	8	8
:15	:15	:15	:15
:30	:30	:30	:30
:45	:45	:45	:45

Name: Date:	Name: Date:	Name: Date:	Name: Date:
7 :15 :30 :45	7 :15 :30 :45	7 :15 :30 :45	7 :15 :30 :45
8 :15 :30 :45	8 :15 :30 :45	8 :15 :30 :45	8 :15 :30 :45
9 :15 :30 :45	9 :15 :30 :45	9 :15 :30 :45	9 :15 :30 :45
10 :15 :30 :45	10 :15 :30 :45	10 :15 :30 :45	10 :15 :30 :45
11 :15 :30 :45	11 :15 :30 :45	11 :15 :30 :45	11 :15 :30 :45
12 :15 :30 :45	12 :15 :30 :45	12 :15 :30 :45	12 :15 :30 :45
1 :15 :30 :45	1 :15 :30 :45	1 :15 :30 :45	1 :15 :30 :45
2 :15 :30 :45	2 :15 :30 :45	2 :15 :30 :45	2 :15 :30 :45
3 :15 :30 :45	3 :15 :30 :45	3 :15 :30 :45	3 :15 :30 :45
4 :15 :30 :45	4 :15 :30 :45	4 :15 :30 :45	4 :15 :30 :45
5 :15 :30 :45	5 :15 :30 :45	5 :15 :30 :45	5 :15 :30 :45
6 :15 :30 :45	6 :15 :30 :45	6 :15 :30 :45	6 :15 :30 :45
7 :15 :30 :45	7 :15 :30 :45	7 :15 :30 :45	7 :15 :30 :45
8 :15 :30 :45	8 :15 :30 :45	8 :15 :30 :45	8 :15 :30 :45

Name:	Name:	Name:	Name:
Date:	Date:	Date:	Date:
7	7	7	7
:15	:15	:15	:15
:30	:30	:30	:30
:45	:45	:45	:45
8	8	8	8
:15	:15	:15	:15
:30	:30	:30	:30
:45	:45	:45	:45
9	9	9	9
:15	:15	:15	:15
:30	:30	:30	:30
:45	:45	:45	:45
10	10	10	10
:15	:15	:15	:15
:30	:30	:30	:30
:45	:45	:45	:45
11	11	11	11
:15	:15	:15	:15
:30	:30	:30	:30
:45	:45	:45	:45
12	12	12	12
:15	:15	:15	:15
:30	:30	:30	:30
:45	:45	:45	:45
1	1	1	1
:15	:15	:15	:15
:30	:30	:30	:30
:45	:45	:45	:45
2	2	2	2
:15	:15	:15	:15
:30	:30	:30	:30
:45	:45	:45	:45
3	3	3	3
:15	:15	:15	:15
:30	:30	:30	:30
:45	:45	:45	:45
4	4	4	4
:15	:15	:15	:15
:30	:30	:30	:30
:45	:45	:45	:45
5	5	5	5
:15	:15	:15	:15
:30	:30	:30	:30
:45	:45	:45	:45
6	6	6	6
:15	:15	:15	:15
:30	:30	:30	:30
:45	:45	:45	:45
7	7	7	7
:15	:15	:15	:15
:30	:30	:30	:30
:45	:45	:45	:45
8	8	8	8
:15	:15	:15	:15
:30	:30	:30	:30
:45	:45	:45	:45

Name: Date:	Name: Date:	Name: Date:	Name: Date:
7 :15 :30 :45	7 :15 :30 :45	7 :15 :30 :45	7 :15 :30 :45
8 :15 :30 :45	8 :15 :30 :45	8 :15 :30 :45	8 :15 :30 :45
9 :15 :30 :45	9 :15 :30 :45	9 :15 :30 :45	9 :15 :30 :45
10 :15 :30 :45	10 :15 :30 :45	10 :15 :30 :45	10 :15 :30 :45
11 :15 :30 :45	11 :15 :30 :45	11 :15 :30 :45	11 :15 :30 :45
12 :15 :30 :45	12 :15 :30 :45	12 :15 :30 :45	12 :15 :30 :45
1 :15 :30 :45	1 :15 :30 :45	1 :15 :30 :45	1 :15 :30 :45
2 :15 :30 :45	2 :15 :30 :45	2 :15 :30 :45	2 :15 :30 :45
3 :15 :30 :45	3 :15 :30 :45	3 :15 :30 :45	3 :15 :30 :45
4 :15 :30 :45	4 :15 :30 :45	4 :15 :30 :45	4 :15 :30 :45
5 :15 :30 :45	5 :15 :30 :45	5 :15 :30 :45	5 :15 :30 :45
6 :15 :30 :45	6 :15 :30 :45	6 :15 :30 :45	6 :15 :30 :45
7 :15 :30 :45	7 :15 :30 :45	7 :15 :30 :45	7 :15 :30 :45
8 :15 :30 :45	8 :15 :30 :45	8 :15 :30 :45	8 :15 :30 :45

Name:	Name:	Name:	Name:
Date:	Date:	Date:	Date:
7	7	7	7
:15	:15	:15	:15
:30	:30	:30	:30
:45	:45	:45	:45
8	8	8	8
:15	:15	:15	:15
:30	:30	:30	:30
:45	:45	:45	:45
9	9	9	9
:15	:15	:15	:15
:30	:30	:30	:30
:45	:45	:45	:45
10	10	10	10
:15	:15	:15	:15
:30	:30	:30	:30
:45	:45	:45	:45
11	11	11	11
:15	:15	:15	:15
:30	:30	:30	:30
:45	:45	:45	:45
12	12	12	12
:15	:15	:15	:15
:30	:30	:30	:30
:45	:45	:45	:45
1	1	1	1
:15	:15	:15	:15
:30	:30	:30	:30
:45	:45	:45	:45
2	2	2	2
:15	:15	:15	:15
:30	:30	:30	:30
:45	:45	:45	:45
3	3	3	3
:15	:15	:15	:15
:30	:30	:30	:30
:45	:45	:45	:45
4	4	4	4
:15	:15	:15	:15
:30	:30	:30	:30
:45	:45	:45	:45
5	5	5	5
:15	:15	:15	:15
:30	:30	:30	:30
:45	:45	:45	:45
6	6	6	6
:15	:15	:15	:15
:30	:30	:30	:30
:45	:45	:45	:45
7	7	7	7
:15	:15	:15	:15
:30	:30	:30	:30
:45	:45	:45	:45
8	8	8	8
:15	:15	:15	:15
:30	:30	:30	:30
:45	:45	:45	:45

Name:	Name:	Name:	Name:
Date:	Date:	Date:	Date:
7	7	7	7
:15	:15	:15	:15
:30	:30	:30	:30
:45	:45	:45	:45
8	8	8	8
:15	:15	:15	:15
:30	:30	:30	:30
:45	:45	:45	:45
9	9	9	9
:15	:15	:15	:15
:30	:30	:30	:30
:45	:45	:45	:45
10	10	10	10
:15	:15	:15	:15
:30	:30	:30	:30
:45	:45	:45	:45
11	11	11	11
:15	:15	:15	:15
:30	:30	:30	:30
:45	:45	:45	:45
12	12	12	12
:15	:15	:15	:15
:30	:30	:30	:30
:45	:45	:45	:45
1	1	1	1
:15	:15	:15	:15
:30	:30	:30	:30
:45	:45	:45	:45
2	2	2	2
:15	:15	:15	:15
:30	:30	:30	:30
:45	:45	:45	:45
3	3	3	3
:15	:15	:15	:15
:30	:30	:30	:30
:45	:45	:45	:45
4	4	4	4
:15	:15	:15	:15
:30	:30	:30	:30
:45	:45	:45	:45
5	5	5	5
:15	:15	:15	:15
:30	:30	:30	:30
:45	:45	:45	:45
6	6	6	6
:15	:15	:15	:15
:30	:30	:30	:30
:45	:45	:45	:45
7	7	7	7
:15	:15	:15	:15
:30	:30	:30	:30
:45	:45	:45	:45
8	8	8	8
:15	:15	:15	:15
:30	:30	:30	:30
:45	:45	:45	:45

Name:	Name:	Name:	Name:
Date:	Date:	Date:	Date:
7	7	7	7
:15	:15	:15	:15
:30	:30	:30	:30
:45	:45	:45	:45
8	8	8	8
:15	:15	:15	:15
:30	:30	:30	:30
:45	:45	:45	:45
9	9	9	9
:15	:15	:15	:15
:30	:30	:30	:30
:45	:45	:45	:45
10	10	10	10
:15	:15	:15	:15
:30	:30	:30	:30
:45	:45	:45	:45
11	11	11	11
:15	:15	:15	:15
:30	:30	:30	:30
:45	:45	:45	:45
12	12	12	12
:15	:15	:15	:15
:30	:30	:30	:30
:45	:45	:45	:45
1	1	1	1
:15	:15	:15	:15
:30	:30	:30	:30
:45	:45	:45	:45
2	2	2	2
:15	:15	:15	:15
:30	:30	:30	:30
:45	:45	:45	:45
3	3	3	3
:15	:15	:15	:15
:30	:30	:30	:30
:45	:45	:45	:45
4	4	4	4
:15	:15	:15	:15
:30	:30	:30	:30
:45	:45	:45	:45
5	5	5	5
:15	:15	:15	:15
:30	:30	:30	:30
:45	:45	:45	:45
6	6	6	6
:15	:15	:15	:15
:30	:30	:30	:30
:45	:45	:45	:45
7	7	7	7
:15	:15	:15	:15
:30	:30	:30	:30
:45	:45	:45	:45
8	8	8	8
:15	:15	:15	:15
:30	:30	:30	:30
:45	:45	:45	:45

Name:	Name:	Name:	Name:
Date:	Date:	Date:	Date:
7	7	7	7
:15	:15	:15	:15
:30	:30	:30	:30
:45	:45	:45	:45
8	8	8	8
:15	:15	:15	:15
:30	:30	:30	:30
:45	:45	:45	:45
9	9	9	9
:15	:15	:15	:15
:30	:30	:30	:30
:45	:45	:45	:45
10	10	10	10
:15	:15	:15	:15
:30	:30	:30	:30
:45	:45	:45	:45
11	11	11	11
:15	:15	:15	:15
:30	:30	:30	:30
:45	:45	:45	:45
12	12	12	12
:15	:15	:15	:15
:30	:30	:30	:30
:45	:45	:45	:45
1	1	1	1
:15	:15	:15	:15
:30	:30	:30	:30
:45	:45	:45	:45
2	2	2	2
:15	:15	:15	:15
:30	:30	:30	:30
:45	:45	:45	:45
3	3	3	3
:15	:15	:15	:15
:30	:30	:30	:30
:45	:45	:45	:45
4	4	4	4
:15	:15	:15	:15
:30	:30	:30	:30
:45	:45	:45	:45
5	5	5	5
:15	:15	:15	:15
:30	:30	:30	:30
:45	:45	:45	:45
6	6	6	6
:15	:15	:15	:15
:30	:30	:30	:30
:45	:45	:45	:45
7	7	7	7
:15	:15	:15	:15
:30	:30	:30	:30
:45	:45	:45	:45
8	8	8	8
:15	:15	:15	:15
:30	:30	:30	:30
:45	:45	:45	:45

Name:	Name:	Name:	Name:
Date:	Date:	Date:	Date:
7	7	7	7
:15	:15	:15	:15
:30	:30	:30	:30
:45	:45	:45	:45
8	8	8	8
:15	:15	:15	:15
:30	:30	:30	:30
:45	:45	:45	:45
9	9	9	9
:15	:15	:15	:15
:30	:30	:30	:30
:45	:45	:45	:45
10	10	10	10
:15	:15	:15	:15
:30	:30	:30	:30
:45	:45	:45	:45
11	11	11	11
:15	:15	:15	:15
:30	:30	:30	:30
:45	:45	:45	:45
12	12	12	12
:15	:15	:15	:15
:30	:30	:30	:30
:45	:45	:45	:45
1	1	1	1
:15	:15	:15	:15
:30	:30	:30	:30
:45	:45	:45	:45
2	2	2	2
:15	:15	:15	:15
:30	:30	:30	:30
:45	:45	:45	:45
3	3	3	3
:15	:15	:15	:15
:30	:30	:30	:30
:45	:45	:45	:45
4	4	4	4
:15	:15	:15	:15
:30	:30	:30	:30
:45	:45	:45	:45
5	5	5	5
:15	:15	:15	:15
:30	:30	:30	:30
:45	:45	:45	:45
6	6	6	6
:15	:15	:15	:15
:30	:30	:30	:30
:45	:45	:45	:45
7	7	7	7
:15	:15	:15	:15
:30	:30	:30	:30
:45	:45	:45	:45
8	8	8	8
:15	:15	:15	:15
:30	:30	:30	:30
:45	:45	:45	:45

Name:	Name:	Name:	Name:
Date:	Date:	Date:	Date:
7	7	7	7
:15	:15	:15	:15
:30	:30	:30	:30
:45	:45	:45	:45
8	8	8	8
:15	:15	:15	:15
:30	:30	:30	:30
:45	:45	:45	:45
9	9	9	9
:15	:15	:15	:15
:30	:30	:30	:30
:45	:45	:45	:45
10	10	10	10
:15	:15	:15	:15
:30	:30	:30	:30
:45	:45	:45	:45
11	11	11	11
:15	:15	:15	:15
:30	:30	:30	:30
:45	:45	:45	:45
12	12	12	12
:15	:15	:15	:15
:30	:30	:30	:30
:45	:45	:45	:45
1	1	1	1
:15	:15	:15	:15
:30	:30	:30	:30
:45	:45	:45	:45
2	2	2	2
:15	:15	:15	:15
:30	:30	:30	:30
:45	:45	:45	:45
3	3	3	3
:15	:15	:15	:15
:30	:30	:30	:30
:45	:45	:45	:45
4	4	4	4
:15	:15	:15	:15
:30	:30	:30	:30
:45	:45	:45	:45
5	5	5	5
:15	:15	:15	:15
:30	:30	:30	:30
:45	:45	:45	:45
6	6	6	6
:15	:15	:15	:15
:30	:30	:30	:30
:45	:45	:45	:45
7	7	7	7
:15	:15	:15	:15
:30	:30	:30	:30
:45	:45	:45	:45
8	8	8	8
:15	:15	:15	:15
:30	:30	:30	:30
:45	:45	:45	:45

Name:	Name:	Name:	Name:
Date:	Date:	Date:	Date:
7	7	7	7
:15	:15	:15	:15
:30	:30	:30	:30
:45	:45	:45	:45
8	8	8	8
:15	:15	:15	:15
:30	:30	:30	:30
:45	:45	:45	:45
9	9	9	9
:15	:15	:15	:15
:30	:30	:30	:30
:45	:45	:45	:45
10	10	10	10
:15	:15	:15	:15
:30	:30	:30	:30
:45	:45	:45	:45
11	11	11	11
:15	:15	:15	:15
:30	:30	:30	:30
:45	:45	:45	:45
12	12	12	12
:15	:15	:15	:15
:30	:30	:30	:30
:45	:45	:45	:45
1	1	1	1
:15	:15	:15	:15
:30	:30	:30	:30
:45	:45	:45	:45
2	2	2	2
:15	:15	:15	:15
:30	:30	:30	:30
:45	:45	:45	:45
3	3	3	3
:15	:15	:15	:15
:30	:30	:30	:30
:45	:45	:45	:45
4	4	4	4
:15	:15	:15	:15
:30	:30	:30	:30
:45	:45	:45	:45
5	5	5	5
:15	:15	:15	:15
:30	:30	:30	:30
:45	:45	:45	:45
6	6	6	6
:15	:15	:15	:15
:30	:30	:30	:30
:45	:45	:45	:45
7	7	7	7
:15	:15	:15	:15
:30	:30	:30	:30
:45	:45	:45	:45
8	8	8	8
:15	:15	:15	:15
:30	:30	:30	:30
:45	:45	:45	:45

Name:	Name:	Name:	Name:
Date:	Date:	Date:	Date:

7	7	7	7
:15	:15	:15	:15
:30	:30	:30	:30
:45	:45	:45	:45
8	8	8	8
:15	:15	:15	:15
:30	:30	:30	:30
:45	:45	:45	:45
9	9	9	9
:15	:15	:15	:15
:30	:30	:30	:30
:45	:45	:45	:45
10	10	10	10
:15	:15	:15	:15
:30	:30	:30	:30
:45	:45	:45	:45
11	11	11	11
:15	:15	:15	:15
:30	:30	:30	:30
:45	:45	:45	:45
12	12	12	12
:15	:15	:15	:15
:30	:30	:30	:30
:45	:45	:45	:45
1	1	1	1
:15	:15	:15	:15
:30	:30	:30	:30
:45	:45	:45	:45
2	2	2	2
:15	:15	:15	:15
:30	:30	:30	:30
:45	:45	:45	:45
3	3	3	3
:15	:15	:15	:15
:30	:30	:30	:30
:45	:45	:45	:45
4	4	4	4
:15	:15	:15	:15
:30	:30	:30	:30
:45	:45	:45	:45
5	5	5	5
:15	:15	:15	:15
:30	:30	:30	:30
:45	:45	:45	:45
6	6	6	6
:15	:15	:15	:15
:30	:30	:30	:30
:45	:45	:45	:45
7	7	7	7
:15	:15	:15	:15
:30	:30	:30	:30
:45	:45	:45	:45
8	8	8	8
:15	:15	:15	:15
:30	:30	:30	:30
:45	:45	:45	:45

Name:	Name:	Name:	Name:
Date:	Date:	Date:	Date:
7	7	7	7
:15	:15	:15	:15
:30	:30	:30	:30
:45	:45	:45	:45
8	8	8	8
:15	:15	:15	:15
:30	:30	:30	:30
:45	:45	:45	:45
9	9	9	9
:15	:15	:15	:15
:30	:30	:30	:30
:45	:45	:45	:45
10	10	10	10
:15	:15	:15	:15
:30	:30	:30	:30
:45	:45	:45	:45
11	11	11	11
:15	:15	:15	:15
:30	:30	:30	:30
:45	:45	:45	:45
12	12	12	12
:15	:15	:15	:15
:30	:30	:30	:30
:45	:45	:45	:45
1	1	1	1
:15	:15	:15	:15
:30	:30	:30	:30
:45	:45	:45	:45
2	2	2	2
:15	:15	:15	:15
:30	:30	:30	:30
:45	:45	:45	:45
3	3	3	3
:15	:15	:15	:15
:30	:30	:30	:30
:45	:45	:45	:45
4	4	4	4
:15	:15	:15	:15
:30	:30	:30	:30
:45	:45	:45	:45
5	5	5	5
:15	:15	:15	:15
:30	:30	:30	:30
:45	:45	:45	:45
6	6	6	6
:15	:15	:15	:15
:30	:30	:30	:30
:45	:45	:45	:45
7	7	7	7
:15	:15	:15	:15
:30	:30	:30	:30
:45	:45	:45	:45
8	8	8	8
:15	:15	:15	:15
:30	:30	:30	:30
:45	:45	:45	:45

Name: Date:	Name: Date:	Name: Date:	Name: Date:
7 :15 :30 :45	7 :15 :30 :45	7 :15 :30 :45	7 :15 :30 :45
8 :15 :30 :45	8 :15 :30 :45	8 :15 :30 :45	8 :15 :30 :45
9 :15 :30 :45	9 :15 :30 :45	9 :15 :30 :45	9 :15 :30 :45
10 :15 :30 :45	10 :15 :30 :45	10 :15 :30 :45	10 :15 :30 :45
11 :15 :30 :45	11 :15 :30 :45	11 :15 :30 :45	11 :15 :30 :45
12 :15 :30 :45	12 :15 :30 :45	12 :15 :30 :45	12 :15 :30 :45
1 :15 :30 :45	1 :15 :30 :45	1 :15 :30 :45	1 :15 :30 :45
2 :15 :30 :45	2 :15 :30 :45	2 :15 :30 :45	2 :15 :30 :45
3 :15 :30 :45	3 :15 :30 :45	3 :15 :30 :45	3 :15 :30 :45
4 :15 :30 :45	4 :15 :30 :45	4 :15 :30 :45	4 :15 :30 :45
5 :15 :30 :45	5 :15 :30 :45	5 :15 :30 :45	5 :15 :30 :45
6 :15 :30 :45	6 :15 :30 :45	6 :15 :30 :45	6 :15 :30 :45
7 :15 :30 :45	7 :15 :30 :45	7 :15 :30 :45	7 :15 :30 :45
8 :15 :30 :45	8 :15 :30 :45	8 :15 :30 :45	8 :15 :30 :45

Name:	Name:	Name:	Name:
Date:	Date:	Date:	Date:
7	**7**	**7**	**7**
:15	:15	:15	:15
:30	:30	:30	:30
:45	:45	:45	:45
8	**8**	**8**	**8**
:15	:15	:15	:15
:30	:30	:30	:30
:45	:45	:45	:45
9	**9**	**9**	**9**
:15	:15	:15	:15
:30	:30	:30	:30
:45	:45	:45	:45
10	**10**	**10**	**10**
:15	:15	:15	:15
:30	:30	:30	:30
:45	:45	:45	:45
11	**11**	**11**	**11**
:15	:15	:15	:15
:30	:30	:30	:30
:45	:45	:45	:45
12	**12**	**12**	**12**
:15	:15	:15	:15
:30	:30	:30	:30
:45	:45	:45	:45
1	**1**	**1**	**1**
:15	:15	:15	:15
:30	:30	:30	:30
:45	:45	:45	:45
2	**2**	**2**	**2**
:15	:15	:15	:15
:30	:30	:30	:30
:45	:45	:45	:45
3	**3**	**3**	**3**
:15	:15	:15	:15
:30	:30	:30	:30
:45	:45	:45	:45
4	**4**	**4**	**4**
:15	:15	:15	:15
:30	:30	:30	:30
:45	:45	:45	:45
5	**5**	**5**	**5**
:15	:15	:15	:15
:30	:30	:30	:30
:45	:45	:45	:45
6	**6**	**6**	**6**
:15	:15	:15	:15
:30	:30	:30	:30
:45	:45	:45	:45
7	**7**	**7**	**7**
:15	:15	:15	:15
:30	:30	:30	:30
:45	:45	:45	:45
8	**8**	**8**	**8**
:15	:15	:15	:15
:30	:30	:30	:30
:45	:45	:45	:45

Name: Date:	Name: Date:	Name: Date:	Name: Date:
7 :15 :30 :45	7 :15 :30 :45	7 :15 :30 :45	7 :15 :30 :45
8 :15 :30 :45	8 :15 :30 :45	8 :15 :30 :45	8 :15 :30 :45
9 :15 :30 :45	9 :15 :30 :45	9 :15 :30 :45	9 :15 :30 :45
10 :15 :30 :45	10 :15 :30 :45	10 :15 :30 :45	10 :15 :30 :45
11 :15 :30 :45	11 :15 :30 :45	11 :15 :30 :45	11 :15 :30 :45
12 :15 :30 :45	12 :15 :30 :45	12 :15 :30 :45	12 :15 :30 :45
1 :15 :30 :45	1 :15 :30 :45	1 :15 :30 :45	1 :15 :30 :45
2 :15 :30 :45	2 :15 :30 :45	2 :15 :30 :45	2 :15 :30 :45
3 :15 :30 :45	3 :15 :30 :45	3 :15 :30 :45	3 :15 :30 :45
4 :15 :30 :45	4 :15 :30 :45	4 :15 :30 :45	4 :15 :30 :45
5 :15 :30 :45	5 :15 :30 :45	5 :15 :30 :45	5 :15 :30 :45
6 :15 :30 :45	6 :15 :30 :45	6 :15 :30 :45	6 :15 :30 :45
7 :15 :30 :45	7 :15 :30 :45	7 :15 :30 :45	7 :15 :30 :45
8 :15 :30 :45	8 :15 :30 :45	8 :15 :30 :45	8 :15 :30 :45

Name:	Name:	Name:	Name:
Date:	Date:	Date:	Date:
7	7	7	7
:15	:15	:15	:15
:30	:30	:30	:30
:45	:45	:45	:45
8	8	8	8
:15	:15	:15	:15
:30	:30	:30	:30
:45	:45	:45	:45
9	9	9	9
:15	:15	:15	:15
:30	:30	:30	:30
:45	:45	:45	:45
10	10	10	10
:15	:15	:15	:15
:30	:30	:30	:30
:45	:45	:45	:45
11	11	11	11
:15	:15	:15	:15
:30	:30	:30	:30
:45	:45	:45	:45
12	12	12	12
:15	:15	:15	:15
:30	:30	:30	:30
:45	:45	:45	:45
1	1	1	1
:15	:15	:15	:15
:30	:30	:30	:30
:45	:45	:45	:45
2	2	2	2
:15	:15	:15	:15
:30	:30	:30	:30
:45	:45	:45	:45
3	3	3	3
:15	:15	:15	:15
:30	:30	:30	:30
:45	:45	:45	:45
4	4	4	4
:15	:15	:15	:15
:30	:30	:30	:30
:45	:45	:45	:45
5	5	5	5
:15	:15	:15	:15
:30	:30	:30	:30
:45	:45	:45	:45
6	6	6	6
:15	:15	:15	:15
:30	:30	:30	:30
:45	:45	:45	:45
7	7	7	7
:15	:15	:15	:15
:30	:30	:30	:30
:45	:45	:45	:45
8	8	8	8
:15	:15	:15	:15
:30	:30	:30	:30
:45	:45	:45	:45

Name:	Name:	Name:	Name:
Date:	Date:	Date:	Date:
7	7	7	7
:15	:15	:15	:15
:30	:30	:30	:30
:45	:45	:45	:45
8	8	8	8
:15	:15	:15	:15
:30	:30	:30	:30
:45	:45	:45	:45
9	9	9	9
:15	:15	:15	:15
:30	:30	:30	:30
:45	:45	:45	:45
10	10	10	10
:15	:15	:15	:15
:30	:30	:30	:30
:45	:45	:45	:45
11	11	11	11
:15	:15	:15	:15
:30	:30	:30	:30
:45	:45	:45	:45
12	12	12	12
:15	:15	:15	:15
:30	:30	:30	:30
:45	:45	:45	:45
1	1	1	1
:15	:15	:15	:15
:30	:30	:30	:30
:45	:45	:45	:45
2	2	2	2
:15	:15	:15	:15
:30	:30	:30	:30
:45	:45	:45	:45
3	3	3	3
:15	:15	:15	:15
:30	:30	:30	:30
:45	:45	:45	:45
4	4	4	4
:15	:15	:15	:15
:30	:30	:30	:30
:45	:45	:45	:45
5	5	5	5
:15	:15	:15	:15
:30	:30	:30	:30
:45	:45	:45	:45
6	6	6	6
:15	:15	:15	:15
:30	:30	:30	:30
:45	:45	:45	:45
7	7	7	7
:15	:15	:15	:15
:30	:30	:30	:30
:45	:45	:45	:45
8	8	8	8
:15	:15	:15	:15
:30	:30	:30	:30
:45	:45	:45	:45

Name:	Name:	Name:	Name:
Date:	Date:	Date:	Date:
7	7	7	7
:15	:15	:15	:15
:30	:30	:30	:30
:45	:45	:45	:45
8	8	8	8
:15	:15	:15	:15
:30	:30	:30	:30
:45	:45	:45	:45
9	9	9	9
:15	:15	:15	:15
:30	:30	:30	:30
:45	:45	:45	:45
10	10	10	10
:15	:15	:15	:15
:30	:30	:30	:30
:45	:45	:45	:45
11	11	11	11
:15	:15	:15	:15
:30	:30	:30	:30
:45	:45	:45	:45
12	12	12	12
:15	:15	:15	:15
:30	:30	:30	:30
:45	:45	:45	:45
1	1	1	1
:15	:15	:15	:15
:30	:30	:30	:30
:45	:45	:45	:45
2	2	2	2
:15	:15	:15	:15
:30	:30	:30	:30
:45	:45	:45	:45
3	3	3	3
:15	:15	:15	:15
:30	:30	:30	:30
:45	:45	:45	:45
4	4	4	4
:15	:15	:15	:15
:30	:30	:30	:30
:45	:45	:45	:45
5	5	5	5
:15	:15	:15	:15
:30	:30	:30	:30
:45	:45	:45	:45
6	6	6	6
:15	:15	:15	:15
:30	:30	:30	:30
:45	:45	:45	:45
7	7	7	7
:15	:15	:15	:15
:30	:30	:30	:30
:45	:45	:45	:45
8	8	8	8
:15	:15	:15	:15
:30	:30	:30	:30
:45	:45	:45	:45

Name:	Name:	Name:	Name:
Date:	Date:	Date:	Date:

7	7	7	7
:15	:15	:15	:15
:30	:30	:30	:30
:45	:45	:45	:45
8	8	8	8
:15	:15	:15	:15
:30	:30	:30	:30
:45	:45	:45	:45
9	9	9	9
:15	:15	:15	:15
:30	:30	:30	:30
:45	:45	:45	:45
10	10	10	10
:15	:15	:15	:15
:30	:30	:30	:30
:45	:45	:45	:45
11	11	11	11
:15	:15	:15	:15
:30	:30	:30	:30
:45	:45	:45	:45
12	12	12	12
:15	:15	:15	:15
:30	:30	:30	:30
:45	:45	:45	:45
1	1	1	1
:15	:15	:15	:15
:30	:30	:30	:30
:45	:45	:45	:45
2	2	2	2
:15	:15	:15	:15
:30	:30	:30	:30
:45	:45	:45	:45
3	3	3	3
:15	:15	:15	:15
:30	:30	:30	:30
:45	:45	:45	:45
4	4	4	4
:15	:15	:15	:15
:30	:30	:30	:30
:45	:45	:45	:45
5	5	5	5
:15	:15	:15	:15
:30	:30	:30	:30
:45	:45	:45	:45
6	6	6	6
:15	:15	:15	:15
:30	:30	:30	:30
:45	:45	:45	:45
7	7	7	7
:15	:15	:15	:15
:30	:30	:30	:30
:45	:45	:45	:45
8	8	8	8
:15	:15	:15	:15
:30	:30	:30	:30
:45	:45	:45	:45

Name:	Name:	Name:	Name:
Date:	Date:	Date:	Date:
7	7	7	7
:15	:15	:15	:15
:30	:30	:30	:30
:45	:45	:45	:45
8	8	8	8
:15	:15	:15	:15
:30	:30	:30	:30
:45	:45	:45	:45
9	9	9	9
:15	:15	:15	:15
:30	:30	:30	:30
:45	:45	:45	:45
10	10	10	10
:15	:15	:15	:15
:30	:30	:30	:30
:45	:45	:45	:45
11	11	11	11
:15	:15	:15	:15
:30	:30	:30	:30
:45	:45	:45	:45
12	12	12	12
:15	:15	:15	:15
:30	:30	:30	:30
:45	:45	:45	:45
1	1	1	1
:15	:15	:15	:15
:30	:30	:30	:30
:45	:45	:45	:45
2	2	2	2
:15	:15	:15	:15
:30	:30	:30	:30
:45	:45	:45	:45
3	3	3	3
:15	:15	:15	:15
:30	:30	:30	:30
:45	:45	:45	:45
4	4	4	4
:15	:15	:15	:15
:30	:30	:30	:30
:45	:45	:45	:45
5	5	5	5
:15	:15	:15	:15
:30	:30	:30	:30
:45	:45	:45	:45
6	6	6	6
:15	:15	:15	:15
:30	:30	:30	:30
:45	:45	:45	:45
7	7	7	7
:15	:15	:15	:15
:30	:30	:30	:30
:45	:45	:45	:45
8	8	8	8
:15	:15	:15	:15
:30	:30	:30	:30
:45	:45	:45	:45

Name:	Name:	Name:	Name:
Date:	Date:	Date:	Date:
7	7	7	7
:15	:15	:15	:15
:30	:30	:30	:30
:45	:45	:45	:45
8	8	8	8
:15	:15	:15	:15
:30	:30	:30	:30
:45	:45	:45	:45
9	9	9	9
:15	:15	:15	:15
:30	:30	:30	:30
:45	:45	:45	:45
10	10	10	10
:15	:15	:15	:15
:30	:30	:30	:30
:45	:45	:45	:45
11	11	11	11
:15	:15	:15	:15
:30	:30	:30	:30
:45	:45	:45	:45
12	12	12	12
:15	:15	:15	:15
:30	:30	:30	:30
:45	:45	:45	:45
1	1	1	1
:15	:15	:15	:15
:30	:30	:30	:30
:45	:45	:45	:45
2	2	2	2
:15	:15	:15	:15
:30	:30	:30	:30
:45	:45	:45	:45
3	3	3	3
:15	:15	:15	:15
:30	:30	:30	:30
:45	:45	:45	:45
4	4	4	4
:15	:15	:15	:15
:30	:30	:30	:30
:45	:45	:45	:45
5	5	5	5
:15	:15	:15	:15
:30	:30	:30	:30
:45	:45	:45	:45
6	6	6	6
:15	:15	:15	:15
:30	:30	:30	:30
:45	:45	:45	:45
7	7	7	7
:15	:15	:15	:15
:30	:30	:30	:30
:45	:45	:45	:45
8	8	8	8
:15	:15	:15	:15
:30	:30	:30	:30
:45	:45	:45	:45

Name:	Name:	Name:	Name:
Date:	Date:	Date:	Date:
7	**7**	**7**	**7**
:15	:15	:15	:15
:30	:30	:30	:30
:45	:45	:45	:45
8	**8**	**8**	**8**
:15	:15	:15	:15
:30	:30	:30	:30
:45	:45	:45	:45
9	**9**	**9**	**9**
:15	:15	:15	:15
:30	:30	:30	:30
:45	:45	:45	:45
10	**10**	**10**	**10**
:15	:15	:15	:15
:30	:30	:30	:30
:45	:45	:45	:45
11	**11**	**11**	**11**
:15	:15	:15	:15
:30	:30	:30	:30
:45	:45	:45	:45
12	**12**	**12**	**12**
:15	:15	:15	:15
:30	:30	:30	:30
:45	:45	:45	:45
1	**1**	**1**	**1**
:15	:15	:15	:15
:30	:30	:30	:30
:45	:45	:45	:45
2	**2**	**2**	**2**
:15	:15	:15	:15
:30	:30	:30	:30
:45	:45	:45	:45
3	**3**	**3**	**3**
:15	:15	:15	:15
:30	:30	:30	:30
:45	:45	:45	:45
4	**4**	**4**	**4**
:15	:15	:15	:15
:30	:30	:30	:30
:45	:45	:45	:45
5	**5**	**5**	**5**
:15	:15	:15	:15
:30	:30	:30	:30
:45	:45	:45	:45
6	**6**	**6**	**6**
:15	:15	:15	:15
:30	:30	:30	:30
:45	:45	:45	:45
7	**7**	**7**	**7**
:15	:15	:15	:15
:30	:30	:30	:30
:45	:45	:45	:45
8	**8**	**8**	**8**
:15	:15	:15	:15
:30	:30	:30	:30
:45	:45	:45	:45

Name: Date:	Name: Date:	Name: Date:	Name: Date:
7 :15 :30 :45	7 :15 :30 :45	7 :15 :30 :45	7 :15 :30 :45
8 :15 :30 :45	8 :15 :30 :45	8 :15 :30 :45	8 :15 :30 :45
9 :15 :30 :45	9 :15 :30 :45	9 :15 :30 :45	9 :15 :30 :45
10 :15 :30 :45	10 :15 :30 :45	10 :15 :30 :45	10 :15 :30 :45
11 :15 :30 :45	11 :15 :30 :45	11 :15 :30 :45	11 :15 :30 :45
12 :15 :30 :45	12 :15 :30 :45	12 :15 :30 :45	12 :15 :30 :45
1 :15 :30 :45	1 :15 :30 :45	1 :15 :30 :45	1 :15 :30 :45
2 :15 :30 :45	2 :15 :30 :45	2 :15 :30 :45	2 :15 :30 :45
3 :15 :30 :45	3 :15 :30 :45	3 :15 :30 :45	3 :15 :30 :45
4 :15 :30 :45	4 :15 :30 :45	4 :15 :30 :45	4 :15 :30 :45
5 :15 :30 :45	5 :15 :30 :45	5 :15 :30 :45	5 :15 :30 :45
6 :15 :30 :45	6 :15 :30 :45	6 :15 :30 :45	6 :15 :30 :45
7 :15 :30 :45	7 :15 :30 :45	7 :15 :30 :45	7 :15 :30 :45
8 :15 :30 :45	8 :15 :30 :45	8 :15 :30 :45	8 :15 :30 :45

Name:	Name:	Name:	Name:
Date:	Date:	Date:	Date:
7	7	7	7
:15	:15	:15	:15
:30	:30	:30	:30
:45	:45	:45	:45
8	8	8	8
:15	:15	:15	:15
:30	:30	:30	:30
:45	:45	:45	:45
9	9	9	9
:15	:15	:15	:15
:30	:30	:30	:30
:45	:45	:45	:45
10	10	10	10
:15	:15	:15	:15
:30	:30	:30	:30
:45	:45	:45	:45
11	11	11	11
:15	:15	:15	:15
:30	:30	:30	:30
:45	:45	:45	:45
12	12	12	12
:15	:15	:15	:15
:30	:30	:30	:30
:45	:45	:45	:45
1	1	1	1
:15	:15	:15	:15
:30	:30	:30	:30
:45	:45	:45	:45
2	2	2	2
:15	:15	:15	:15
:30	:30	:30	:30
:45	:45	:45	:45
3	3	3	3
:15	:15	:15	:15
:30	:30	:30	:30
:45	:45	:45	:45
4	4	4	4
:15	:15	:15	:15
:30	:30	:30	:30
:45	:45	:45	:45
5	5	5	5
:15	:15	:15	:15
:30	:30	:30	:30
:45	:45	:45	:45
6	6	6	6
:15	:15	:15	:15
:30	:30	:30	:30
:45	:45	:45	:45
7	7	7	7
:15	:15	:15	:15
:30	:30	:30	:30
:45	:45	:45	:45
8	8	8	8
:15	:15	:15	:15
:30	:30	:30	:30
:45	:45	:45	:45

Name: Date:	Name: Date:	Name: Date:	Name: Date:
7 :15 :30 :45	7 :15 :30 :45	7 :15 :30 :45	7 :15 :30 :45
8 :15 :30 :45	8 :15 :30 :45	8 :15 :30 :45	8 :15 :30 :45
9 :15 :30 :45	9 :15 :30 :45	9 :15 :30 :45	9 :15 :30 :45
10 :15 :30 :45	10 :15 :30 :45	10 :15 :30 :45	10 :15 :30 :45
11 :15 :30 :45	11 :15 :30 :45	11 :15 :30 :45	11 :15 :30 :45
12 :15 :30 :45	12 :15 :30 :45	12 :15 :30 :45	12 :15 :30 :45
1 :15 :30 :45	1 :15 :30 :45	1 :15 :30 :45	1 :15 :30 :45
2 :15 :30 :45	2 :15 :30 :45	2 :15 :30 :45	2 :15 :30 :45
3 :15 :30 :45	3 :15 :30 :45	3 :15 :30 :45	3 :15 :30 :45
4 :15 :30 :45	4 :15 :30 :45	4 :15 :30 :45	4 :15 :30 :45
5 :15 :30 :45	5 :15 :30 :45	5 :15 :30 :45	5 :15 :30 :45
6 :15 :30 :45	6 :15 :30 :45	6 :15 :30 :45	6 :15 :30 :45
7 :15 :30 :45	7 :15 :30 :45	7 :15 :30 :45	7 :15 :30 :45
8 :15 :30 :45	8 :15 :30 :45	8 :15 :30 :45	8 :15 :30 :45

Name:	Name:	Name:	Name:
Date:	Date:	Date:	Date:
7	7	7	7
:15	:15	:15	:15
:30	:30	:30	:30
:45	:45	:45	:45
8	8	8	8
:15	:15	:15	:15
:30	:30	:30	:30
:45	:45	:45	:45
9	9	9	9
:15	:15	:15	:15
:30	:30	:30	:30
:45	:45	:45	:45
10	10	10	10
:15	:15	:15	:15
:30	:30	:30	:30
:45	:45	:45	:45
11	11	11	11
:15	:15	:15	:15
:30	:30	:30	:30
:45	:45	:45	:45
12	12	12	12
:15	:15	:15	:15
:30	:30	:30	:30
:45	:45	:45	:45
1	1	1	1
:15	:15	:15	:15
:30	:30	:30	:30
:45	:45	:45	:45
2	2	2	2
:15	:15	:15	:15
:30	:30	:30	:30
:45	:45	:45	:45
3	3	3	3
:15	:15	:15	:15
:30	:30	:30	:30
:45	:45	:45	:45
4	4	4	4
:15	:15	:15	:15
:30	:30	:30	:30
:45	:45	:45	:45
5	5	5	5
:15	:15	:15	:15
:30	:30	:30	:30
:45	:45	:45	:45
6	6	6	6
:15	:15	:15	:15
:30	:30	:30	:30
:45	:45	:45	:45
7	7	7	7
:15	:15	:15	:15
:30	:30	:30	:30
:45	:45	:45	:45
8	8	8	8
:15	:15	:15	:15
:30	:30	:30	:30
:45	:45	:45	:45

Name:	Name:	Name:	Name:
Date:	Date:	Date:	Date:
7	7	7	7
:15	:15	:15	:15
:30	:30	:30	:30
:45	:45	:45	:45
8	8	8	8
:15	:15	:15	:15
:30	:30	:30	:30
:45	:45	:45	:45
9	9	9	9
:15	:15	:15	:15
:30	:30	:30	:30
:45	:45	:45	:45
10	10	10	10
:15	:15	:15	:15
:30	:30	:30	:30
:45	:45	:45	:45
11	11	11	11
:15	:15	:15	:15
:30	:30	:30	:30
:45	:45	:45	:45
12	12	12	12
:15	:15	:15	:15
:30	:30	:30	:30
:45	:45	:45	:45
1	1	1	1
:15	:15	:15	:15
:30	:30	:30	:30
:45	:45	:45	:45
2	2	2	2
:15	:15	:15	:15
:30	:30	:30	:30
:45	:45	:45	:45
3	3	3	3
:15	:15	:15	:15
:30	:30	:30	:30
:45	:45	:45	:45
4	4	4	4
:15	:15	:15	:15
:30	:30	:30	:30
:45	:45	:45	:45
5	5	5	5
:15	:15	:15	:15
:30	:30	:30	:30
:45	:45	:45	:45
6	6	6	6
:15	:15	:15	:15
:30	:30	:30	:30
:45	:45	:45	:45
7	7	7	7
:15	:15	:15	:15
:30	:30	:30	:30
:45	:45	:45	:45
8	8	8	8
:15	:15	:15	:15
:30	:30	:30	:30
:45	:45	:45	:45

Name:	Name:	Name:	Name:
Date:	Date:	Date:	Date:
7	7	7	7
:15	:15	:15	:15
:30	:30	:30	:30
:45	:45	:45	:45
8	8	8	8
:15	:15	:15	:15
:30	:30	:30	:30
:45	:45	:45	:45
9	9	9	9
:15	:15	:15	:15
:30	:30	:30	:30
:45	:45	:45	:45
10	10	10	10
:15	:15	:15	:15
:30	:30	:30	:30
:45	:45	:45	:45
11	11	11	11
:15	:15	:15	:15
:30	:30	:30	:30
:45	:45	:45	:45
12	12	12	12
:15	:15	:15	:15
:30	:30	:30	:30
:45	:45	:45	:45
1	1	1	1
:15	:15	:15	:15
:30	:30	:30	:30
:45	:45	:45	:45
2	2	2	2
:15	:15	:15	:15
:30	:30	:30	:30
:45	:45	:45	:45
3	3	3	3
:15	:15	:15	:15
:30	:30	:30	:30
:45	:45	:45	:45
4	4	4	4
:15	:15	:15	:15
:30	:30	:30	:30
:45	:45	:45	:45
5	5	5	5
:15	:15	:15	:15
:30	:30	:30	:30
:45	:45	:45	:45
6	6	6	6
:15	:15	:15	:15
:30	:30	:30	:30
:45	:45	:45	:45
7	7	7	7
:15	:15	:15	:15
:30	:30	:30	:30
:45	:45	:45	:45
8	8	8	8
:15	:15	:15	:15
:30	:30	:30	:30
:45	:45	:45	:45

Name:	Name:	Name:	Name:
Date:	Date:	Date:	Date:
7	7	7	7
:15	:15	:15	:15
:30	:30	:30	:30
:45	:45	:45	:45
8	8	8	8
:15	:15	:15	:15
:30	:30	:30	:30
:45	:45	:45	:45
9	9	9	9
:15	:15	:15	:15
:30	:30	:30	:30
:45	:45	:45	:45
10	10	10	10
:15	:15	:15	:15
:30	:30	:30	:30
:45	:45	:45	:45
11	11	11	11
:15	:15	:15	:15
:30	:30	:30	:30
:45	:45	:45	:45
12	12	12	12
:15	:15	:15	:15
:30	:30	:30	:30
:45	:45	:45	:45
1	1	1	1
:15	:15	:15	:15
:30	:30	:30	:30
:45	:45	:45	:45
2	2	2	2
:15	:15	:15	:15
:30	:30	:30	:30
:45	:45	:45	:45
3	3	3	3
:15	:15	:15	:15
:30	:30	:30	:30
:45	:45	:45	:45
4	4	4	4
:15	:15	:15	:15
:30	:30	:30	:30
:45	:45	:45	:45
5	5	5	5
:15	:15	:15	:15
:30	:30	:30	:30
:45	:45	:45	:45
6	6	6	6
:15	:15	:15	:15
:30	:30	:30	:30
:45	:45	:45	:45
7	7	7	7
:15	:15	:15	:15
:30	:30	:30	:30
:45	:45	:45	:45
8	8	8	8
:15	:15	:15	:15
:30	:30	:30	:30
:45	:45	:45	:45

Name:	Name:	Name:	Name:
Date:	Date:	Date:	Date:
7	7	7	7
:15	:15	:15	:15
:30	:30	:30	:30
:45	:45	:45	:45
8	8	8	8
:15	:15	:15	:15
:30	:30	:30	:30
:45	:45	:45	:45
9	9	9	9
:15	:15	:15	:15
:30	:30	:30	:30
:45	:45	:45	:45
10	10	10	10
:15	:15	:15	:15
:30	:30	:30	:30
:45	:45	:45	:45
11	11	11	11
:15	:15	:15	:15
:30	:30	:30	:30
:45	:45	:45	:45
12	12	12	12
:15	:15	:15	:15
:30	:30	:30	:30
:45	:45	:45	:45
1	1	1	1
:15	:15	:15	:15
:30	:30	:30	:30
:45	:45	:45	:45
2	2	2	2
:15	:15	:15	:15
:30	:30	:30	:30
:45	:45	:45	:45
3	3	3	3
:15	:15	:15	:15
:30	:30	:30	:30
:45	:45	:45	:45
4	4	4	4
:15	:15	:15	:15
:30	:30	:30	:30
:45	:45	:45	:45
5	5	5	5
:15	:15	:15	:15
:30	:30	:30	:30
:45	:45	:45	:45
6	6	6	6
:15	:15	:15	:15
:30	:30	:30	:30
:45	:45	:45	:45
7	7	7	7
:15	:15	:15	:15
:30	:30	:30	:30
:45	:45	:45	:45
8	8	8	8
:15	:15	:15	:15
:30	:30	:30	:30
:45	:45	:45	:45

Name: Date:	Name: Date:	Name: Date:	Name: Date:
7 :15 :30 :45	7 :15 :30 :45	7 :15 :30 :45	7 :15 :30 :45
8 :15 :30 :45	8 :15 :30 :45	8 :15 :30 :45	8 :15 :30 :45
9 :15 :30 :45	9 :15 :30 :45	9 :15 :30 :45	9 :15 :30 :45
10 :15 :30 :45	10 :15 :30 :45	10 :15 :30 :45	10 :15 :30 :45
11 :15 :30 :45	11 :15 :30 :45	11 :15 :30 :45	11 :15 :30 :45
12 :15 :30 :45	12 :15 :30 :45	12 :15 :30 :45	12 :15 :30 :45
1 :15 :30 :45	1 :15 :30 :45	1 :15 :30 :45	1 :15 :30 :45
2 :15 :30 :45	2 :15 :30 :45	2 :15 :30 :45	2 :15 :30 :45
3 :15 :30 :45	3 :15 :30 :45	3 :15 :30 :45	3 :15 :30 :45
4 :15 :30 :45	4 :15 :30 :45	4 :15 :30 :45	4 :15 :30 :45
5 :15 :30 :45	5 :15 :30 :45	5 :15 :30 :45	5 :15 :30 :45
6 :15 :30 :45	6 :15 :30 :45	6 :15 :30 :45	6 :15 :30 :45
7 :15 :30 :45	7 :15 :30 :45	7 :15 :30 :45	7 :15 :30 :45
8 :15 :30 :45	8 :15 :30 :45	8 :15 :30 :45	8 :15 :30 :45

Name:	Name:	Name:	Name:
Date:	Date:	Date:	Date:
7	7	7	7
:15	:15	:15	:15
:30	:30	:30	:30
:45	:45	:45	:45
8	8	8	8
:15	:15	:15	:15
:30	:30	:30	:30
:45	:45	:45	:45
9	9	9	9
:15	:15	:15	:15
:30	:30	:30	:30
:45	:45	:45	:45
10	10	10	10
:15	:15	:15	:15
:30	:30	:30	:30
:45	:45	:45	:45
11	11	11	11
:15	:15	:15	:15
:30	:30	:30	:30
:45	:45	:45	:45
12	12	12	12
:15	:15	:15	:15
:30	:30	:30	:30
:45	:45	:45	:45
1	1	1	1
:15	:15	:15	:15
:30	:30	:30	:30
:45	:45	:45	:45
2	2	2	2
:15	:15	:15	:15
:30	:30	:30	:30
:45	:45	:45	:45
3	3	3	3
:15	:15	:15	:15
:30	:30	:30	:30
:45	:45	:45	:45
4	4	4	4
:15	:15	:15	:15
:30	:30	:30	:30
:45	:45	:45	:45
5	5	5	5
:15	:15	:15	:15
:30	:30	:30	:30
:45	:45	:45	:45
6	6	6	6
:15	:15	:15	:15
:30	:30	:30	:30
:45	:45	:45	:45
7	7	7	7
:15	:15	:15	:15
:30	:30	:30	:30
:45	:45	:45	:45
8	8	8	8
:15	:15	:15	:15
:30	:30	:30	:30
:45	:45	:45	:45

Name:	Name:	Name:	Name:
Date:	Date:	Date:	Date:

7	7	7	7
:15	:15	:15	:15
:30	:30	:30	:30
:45	:45	:45	:45
8	8	8	8
:15	:15	:15	:15
:30	:30	:30	:30
:45	:45	:45	:45
9	9	9	9
:15	:15	:15	:15
:30	:30	:30	:30
:45	:45	:45	:45
10	10	10	10
:15	:15	:15	:15
:30	:30	:30	:30
:45	:45	:45	:45
11	11	11	11
:15	:15	:15	:15
:30	:30	:30	:30
:45	:45	:45	:45
12	12	12	12
:15	:15	:15	:15
:30	:30	:30	:30
:45	:45	:45	:45
1	1	1	1
:15	:15	:15	:15
:30	:30	:30	:30
:45	:45	:45	:45
2	2	2	2
:15	:15	:15	:15
:30	:30	:30	:30
:45	:45	:45	:45
3	3	3	3
:15	:15	:15	:15
:30	:30	:30	:30
:45	:45	:45	:45
4	4	4	4
:15	:15	:15	:15
:30	:30	:30	:30
:45	:45	:45	:45
5	5	5	5
:15	:15	:15	:15
:30	:30	:30	:30
:45	:45	:45	:45
6	6	6	6
:15	:15	:15	:15
:30	:30	:30	:30
:45	:45	:45	:45
7	7	7	7
:15	:15	:15	:15
:30	:30	:30	:30
:45	:45	:45	:45
8	8	8	8
:15	:15	:15	:15
:30	:30	:30	:30
:45	:45	:45	:45

Name: Date:	Name: Date:	Name: Date:	Name: Date:
7 :15 :30 :45	**7** :15 :30 :45	**7** :15 :30 :45	**7** :15 :30 :45
8 :15 :30 :45	**8** :15 :30 :45	**8** :15 :30 :45	**8** :15 :30 :45
9 :15 :30 :45	**9** :15 :30 :45	**9** :15 :30 :45	**9** :15 :30 :45
10 :15 :30 :45	**10** :15 :30 :45	**10** :15 :30 :45	**10** :15 :30 :45
11 :15 :30 :45	**11** :15 :30 :45	**11** :15 :30 :45	**11** :15 :30 :45
12 :15 :30 :45	**12** :15 :30 :45	**12** :15 :30 :45	**12** :15 :30 :45
1 :15 :30 :45	**1** :15 :30 :45	**1** :15 :30 :45	**1** :15 :30 :45
2 :15 :30 :45	**2** :15 :30 :45	**2** :15 :30 :45	**2** :15 :30 :45
3 :15 :30 :45	**3** :15 :30 :45	**3** :15 :30 :45	**3** :15 :30 :45
4 :15 :30 :45	**4** :15 :30 :45	**4** :15 :30 :45	**4** :15 :30 :45
5 :15 :30 :45	**5** :15 :30 :45	**5** :15 :30 :45	**5** :15 :30 :45
6 :15 :30 :45	**6** :15 :30 :45	**6** :15 :30 :45	**6** :15 :30 :45
7 :15 :30 :45	**7** :15 :30 :45	**7** :15 :30 :45	**7** :15 :30 :45
8 :15 :30 :45	**8** :15 :30 :45	**8** :15 :30 :45	**8** :15 :30 :45

Name:	Name:	Name:	Name:
Date:	Date:	Date:	Date:
7	7	7	7
:15	:15	:15	:15
:30	:30	:30	:30
:45	:45	:45	:45
8	8	8	8
:15	:15	:15	:15
:30	:30	:30	:30
:45	:45	:45	:45
9	9	9	9
:15	:15	:15	:15
:30	:30	:30	:30
:45	:45	:45	:45
10	10	10	10
:15	:15	:15	:15
:30	:30	:30	:30
:45	:45	:45	:45
11	11	11	11
:15	:15	:15	:15
:30	:30	:30	:30
:45	:45	:45	:45
12	12	12	12
:15	:15	:15	:15
:30	:30	:30	:30
:45	:45	:45	:45
1	1	1	1
:15	:15	:15	:15
:30	:30	:30	:30
:45	:45	:45	:45
2	2	2	2
:15	:15	:15	:15
:30	:30	:30	:30
:45	:45	:45	:45
3	3	3	3
:15	:15	:15	:15
:30	:30	:30	:30
:45	:45	:45	:45
4	4	4	4
:15	:15	:15	:15
:30	:30	:30	:30
:45	:45	:45	:45
5	5	5	5
:15	:15	:15	:15
:30	:30	:30	:30
:45	:45	:45	:45
6	6	6	6
:15	:15	:15	:15
:30	:30	:30	:30
:45	:45	:45	:45
7	7	7	7
:15	:15	:15	:15
:30	:30	:30	:30
:45	:45	:45	:45
8	8	8	8
:15	:15	:15	:15
:30	:30	:30	:30
:45	:45	:45	:45

Name:	Name:	Name:	Name:
Date:	Date:	Date:	Date:
7	7	7	7
:15	:15	:15	:15
:30	:30	:30	:30
:45	:45	:45	:45
8	8	8	8
:15	:15	:15	:15
:30	:30	:30	:30
:45	:45	:45	:45
9	9	9	9
:15	:15	:15	:15
:30	:30	:30	:30
:45	:45	:45	:45
10	10	10	10
:15	:15	:15	:15
:30	:30	:30	:30
:45	:45	:45	:45
11	11	11	11
:15	:15	:15	:15
:30	:30	:30	:30
:45	:45	:45	:45
12	12	12	12
:15	:15	:15	:15
:30	:30	:30	:30
:45	:45	:45	:45
1	1	1	1
:15	:15	:15	:15
:30	:30	:30	:30
:45	:45	:45	:45
2	2	2	2
:15	:15	:15	:15
:30	:30	:30	:30
:45	:45	:45	:45
3	3	3	3
:15	:15	:15	:15
:30	:30	:30	:30
:45	:45	:45	:45
4	4	4	4
:15	:15	:15	:15
:30	:30	:30	:30
:45	:45	:45	:45
5	5	5	5
:15	:15	:15	:15
:30	:30	:30	:30
:45	:45	:45	:45
6	6	6	6
:15	:15	:15	:15
:30	:30	:30	:30
:45	:45	:45	:45
7	7	7	7
:15	:15	:15	:15
:30	:30	:30	:30
:45	:45	:45	:45
8	8	8	8
:15	:15	:15	:15
:30	:30	:30	:30
:45	:45	:45	:45

Name:	Name:	Name:	Name:
Date:	Date:	Date:	Date:
7	7	7	7
:15	:15	:15	:15
:30	:30	:30	:30
:45	:45	:45	:45
8	8	8	8
:15	:15	:15	:15
:30	:30	:30	:30
:45	:45	:45	:45
9	9	9	9
:15	:15	:15	:15
:30	:30	:30	:30
:45	:45	:45	:45
10	10	10	10
:15	:15	:15	:15
:30	:30	:30	:30
:45	:45	:45	:45
11	11	11	11
:15	:15	:15	:15
:30	:30	:30	:30
:45	:45	:45	:45
12	12	12	12
:15	:15	:15	:15
:30	:30	:30	:30
:45	:45	:45	:45
1	1	1	1
:15	:15	:15	:15
:30	:30	:30	:30
:45	:45	:45	:45
2	2	2	2
:15	:15	:15	:15
:30	:30	:30	:30
:45	:45	:45	:45
3	3	3	3
:15	:15	:15	:15
:30	:30	:30	:30
:45	:45	:45	:45
4	4	4	4
:15	:15	:15	:15
:30	:30	:30	:30
:45	:45	:45	:45
5	5	5	5
:15	:15	:15	:15
:30	:30	:30	:30
:45	:45	:45	:45
6	6	6	6
:15	:15	:15	:15
:30	:30	:30	:30
:45	:45	:45	:45
7	7	7	7
:15	:15	:15	:15
:30	:30	:30	:30
:45	:45	:45	:45
8	8	8	8
:15	:15	:15	:15
:30	:30	:30	:30
:45	:45	:45	:45

Name & Address	Phone & Fax	Name & Address	Phone & Fax